新时代气象榜样风采录

（第一辑）

中国气象局精神文明建设指导委员会办公室　编

气象出版社
China Meteorological Press

图书在版编目（CIP）数据

新时代气象榜样风采录. 第一辑 / 中国气象局精神文明建设指导委员会办公室编. -- 北京 : 气象出版社, 2024. 12. -- ISBN 978-7-5029-8391-8（2025.3重印）

Ⅰ. K826.14

中国国家版本馆 CIP 数据核字第 2024SL9383 号

新时代气象榜样风采录（第一辑）

Xinshidai Qixiang Bangyang Fengcailu（Di-yi Ji）

中国气象局精神文明建设指导委员会办公室　**编**

出版发行：气象出版社

地　　址：北京市海淀区中关村南大街 46 号　　**邮政编码**：100081

电　　话：010-68407112（总编室）　010-68408042（发行部）

网　　址：http://www.qxcbs.com　　**E-mail**：qxcbs@cma.gov.cn

责任编辑：杨泽彬　翟伊然　张锐锐　　**终　　审**：张　斌

责任校对：张硕杰　　**责任技编**：赵相宁

封面设计：楠竹文化

印　　刷：北京地大彩印有限公司

开　　本：710mm×1000mm　1/16　　**印　　张**：15.5

字　　数：225 千字

版　　次：2024 年 12 月第 1 版　　**印　　次**：2025 年 3 月第 2 次印刷

定　　价：59.00 元

序言

PREFACE

伟大时代呼唤伟大精神，崇高事业需要榜样引领。

回看气象事业与党和国家发展同心同向、同频共振的75年，我国气象事业之所以能实现跨越式发展，正是得益于在党的坚强领导下，一代又一代气象工作者胸怀“国之大者”，坚定理想信念、同心同德，埋头苦干、奋勇前进，一步一个脚印踏出一条具有中国特色的气象高质量发展道路，并用智慧和汗水在全面建设社会主义现代化国家、全面推进中华民族伟大复兴的长卷上，挥洒下了鲜明气象底色。这一光辉历史进程中，英雄模范和先进典型发挥了先锋作用。

2019年12月，在新中国气象事业70周年之际，习近平总书记专门作出重要指示，要求广大气象工作者发扬优良传统，加快科技创新，推动气象事业高质量发展，发挥气象防灾减灾第一道防线作用。在以中国式现代化全面推进强国建设、民族复兴伟业的新征程上，面对新形势、新变化、新要求，一方面，需要进一步发掘新时代气象榜样力量，为深入贯彻落实习近平总书记关于气象工作重要指示精神、推进气象高质量发展树立精神路标，为谱写中国式现代化气象篇章增添生动注脚；另一方面，更需要广大气象工作者继承和弘扬气象优良传统和作风，履行好为推进气象科技能力现代化和社会服务现代化不懈奋斗的使命。

2012年，中国气象局党组组织编写出版的《气象英模风采录》，展示了陈金水、雷雨顺、陈素华等重要先进典型的风采，在部门内外收获良好反响，为气象事业发展提供了强大价值引领和精神力量。为继续宣传好、传承好、发扬好气象优良传统，此次编印的《新时代气象榜样风采录（第一辑）》新收录了12名榜样人物的事迹。他们中间，既有深耕于“用”，广泛涉猎能源电力、重大工程、城市环境、健康等领域并取得一批原创性成果的知名应用气象学家（陈正洪），也有矢志于“专”，专注于数值预报科技创新，主持构建了我国自主、完备的数值天气预报科学与工程技术体系的中国工程院院士（沈学顺）；既有毅然选择十几年如一日地坚守在南海上，致力于推动当地气象监测预报预警服务的青年职工（孙立），也有守住机要战线20余年，又在退休后持续为首都精神文明建设贡献银发力量的气象“前辈”（张发喜）；既有生于海岛又数十年守望海岛，为近1700艘渔船、2万渔民安全护航的海岛气象局局长（赵虎炯），也有生于雪域又数十年扎根雪域，见证并参与当地气象业务现代化建设的雪域气象台台长（假拉）；既有坚守三类艰苦气象台站42年，刚刚向培养的新兴力量“交棒”的老一辈基层气象台站工作者（杨万基），也有仍在续写职业生命长度，并通过不断丰富气象景观预报产品，标定职业生命深度的新一代基层气象台站工作者（于进江）；既有在艰苦气象站上孤独守望，为北京冬奥会气象服务保障提供支撑，被称作“住在云中的气象人”的地面观测员（韩文兴），也有聚焦台风监测预报预警服务，为我国台风24小时路径预报技术达到国际领先水平做出突出贡献，自定义为“追风者”的首席预报员（许映龙）；既有把论文写在大地上，针对粮食安全和设施蔬菜生产中存在问题持续攻关的农业气象“带头人”（魏瑞江），也有把梦想放飞太空中，推动我国静止轨道气象卫星达到国际领先水平的气象卫星工程师（张志清）。

他们的事迹集中体现了气象工作者以国家富强为念、以人民幸福为盼的使命担当，对人民至上、生命至上的不懈追求，务实严谨、精益求精的工作准则，爱岗敬业、无私奉献的职业品格，在传承中创新、在应变中蝶变的时代风范。他们是贯彻落实习近平总书记重要指示精神的模范践行者，是新时代气象工作者的优秀代表，是气象部门全体干部职工学习的榜样。

当前，全国气象部门正深入学习贯彻党的二十届三中全会精神，再学习再领悟再落实习近平总书记关于气象工作重要指示精神，立足气象科技型、基础性、先导性社会公益事业定位，以更好支撑和服务中国式现代化建设为根本出发点，以加快推进气象科技能力现代化和社会服务现代化为重要抓手，不断提升监测精密、预报精准、服务精细能力，切实发挥气象服务保障生命安全、生产发展、生活富裕、生态良好的作用，为以中国式现代化全面推进强国建设、民族复兴伟业贡献气象智慧和力量。

希望通过宣传展示榜样人物的先进事迹，推动部门内形成学习先进、崇尚先进、赶超先进的良好氛围，激励广大气象工作者胸怀气象强国之志，立足本职工作，在为国尽责、为民服务中实现个人价值、展现人生风采；锤炼气象强国之功，顺应时代发展新要求，学习新知识、掌握新技能、练就真本领，努力成为善于干事创业的岗位能手、行家里手；勇担气象强国之责，锐意进取、迎难而上，追求卓越、精益求精，在破解气象高质量发展难题、加快推进气象科技能力现代化和社会服务现代化上担当作为。

也希望借由此书，为社会公众了解气象事业、走进气象工作者的精神世界搭建桥梁纽带。

让我们在榜样力量的激励下，锚定目标、勠力同心、开拓进取，在新时代新征程上共同谱写中国式现代化的气象篇章。

是为序。

中国气象局党组书记、局长 陈振林

二〇二四年十二月

目　录

CONTENTS

陈正洪

陈正洪，男，中共党员，二级研究员，享受国务院政府特殊津贴专家，中国气象局首席气象服务专家、气象领军人才，全国知名的应用气象学家，是我国新时期应用气象和专业气象服务领域的主要开拓人之一。长年坚守在湖北省气象部门科研业务服务一线，主攻应用气象、气候变化及防灾减灾，涉猎领域广泛，包括能源电力、重大工程、生态、农业、林业、水利、城市环境、健康、交通、旅游、减灾等，取得一批原创性成果，主持和参与完成科研100余项、技术服务600余项，获省部级科技奖8项、创新奖3项，发表科技论文400余篇，编著出版专著8本、技术标准规范15项，取得专利及软件著作权13项，6项专业气象服务系统在全国推广应用。2015年，陈正洪被中共中央、国务院授予“全国先进工作者”称号；2021年，在中国共产党建党100周年之际，他被中共中央授予“全国优秀共产党员”称号。

陈正洪

陈正洪的人生论文

《中国气象报》记者　赵晓妮

楔子：从一本 1000 多页的论文集开始倒叙

气象有什么用处？

很多人的第一反应是“做天气预报”。那么，除此之外呢？

要解答这个问题，60 岁的陈正洪递来两册厚厚的论文集，足足有 1028 页——这里收录了他 30 多年气象科研工作中独著及合作发表的 360 多篇论文的三分之一。

这本几乎浓缩了他大半辈子“功力”的《应用气象论文选集》，对于普通公众而言，或许是最没兴趣翻开的那一类书。因为它没有任何所谓“畅销元素”，“又硬又干巴”的论文塞满了调研数据、研究公式及专业表述，大都涉及气象与生态、农业、城市、工程、能源、区域变化、防灾减灾等。

但是，对于“应用气象”领域，“有用”恰恰是这本书的特点。打开新视角重新阅读，会发现每行字、每个数字和公式，大部分已经化作实用的技术与产品，落到气象与一朵花开、一亩田播种、一片森林生长、一座桥梁架设、一架风机运转、一束光能转化，延伸至长久的气候变迁与当前的灾害应对，关乎于一个人的健康、呼吸与安危……当很多人还囿于“气象只是天气预报”的认知时，几十年前，陈正洪迈出脚步走出圈子，“喜欢上了研究气象跟各行各业的关系”——那时候，谁也不知道这将是一段怎样漫长的跋涉。

远行的念头也许源自过往的一次次触动。1983 年底到 1984 年，青年陈正洪每天闷在南京大学实验室里准备大学毕业论文。有一天，他看到几位老教师喜气洋洋地领到一个“红本本”，是中国气象学会颁发的“从事气象工作三十年以上纪念”荣誉证书。他莫名地“眼热”起来，暗想自己以后也要拿到这样的“红本本”。这情绪中掺杂着羡慕、敬意，还有一股自我勉励的期冀。

2015 年，陈正洪参加全国劳动模范和先进工作者表彰大会

后来，发“红本本”活动不再开展了。陈正洪却真的像当初设想的那样，在气象一线奋斗了 30 多年。这条路，他赶得又急又快，有人叫他“拼命三郎”，有人说“他好像是把几辈子活成了一辈子”，他却“从未感到苦，只有快乐和欣慰”，“所想、所做都是如何去建立与气象、与国民经济各行业的有机联系，怎么去做好气象服务”。

人生履历里的平凡一幕，被铺展到 60 年的人生论文里，就这样意外地成为提纲挈领的关键篇章，引导他耐心而执着地书写了数十年。

“做对社会有用的气象服务，对人民有用的气象服务”的宏大目标，被分解到

一次次调研和攻关中，那些惊心动魄的攻坚时刻似乎也显得平淡无奇。

这本论文集是陈正洪送给自己的“红本本”。在论文集的自序中，他深情写道：“这里有一段青春激扬的岁月，这里有服务于经济社会主战场的初心，这里有野外考察的艰难，这里有从农村到城市的跨越，这里有追逐新能源的步伐，这里有学习与创新的原动力，这里更有团队协作攻关的好作风！”

他终其大半生写就的人生论文，回答了一个问题：气象是大有用处的。如果，这篇足有一生那么长的论文有标题，那应该就叫“我的名字叫气象”。

开篇：气象也是有生命的

几十年后，当花甲之年的陈正洪将父亲写的 17 首诗整理成册，便回想起少年时代的往事。

湖北大冶，处鄂东南，长江中游南岸，素有“百里黄金地，江南聚宝盆”之美誉，有着 3000 多年的采冶史。这里既是华夏青铜文化发祥地，也是近代民族钢铁工业摇篮。

在那个火红沸腾年代的一个冬天，1964 年 1 月 4 日，湖北省大冶县金湖公社（现为大冶市金湖街道办事处）株林村虾子地湾，一个大家庭里的第八个孩子出生。父母给这个男孩取名陈正红。

虽然颇为困顿，这却是个相当重视知识的家庭。“我没怎么干过农活，就是读书。”他回忆说。或许他和自己的父亲很相像，听母亲讲起，父亲年轻时候是个读书人，“一直读到 27 岁才下田”。哥哥们也盯着他要好好读书，“有时候我喜欢下田抓鳝鱼，哥哥也不让我去”。

读到 1977 年，高考恢复了。“改革开放刚刚起步，从学习改变命运到工作上不断取得成绩，从经济快速发展到国家更高水平开放，这两条主线贯穿我的人生，我是气象发展的亲历者、参与者，也是改革开放的见证者、受益者。”他说。

和那个年代一心报效国家的人们一样，少年时最初想成为数学家。高考之前，高中班主任将他的名字中的“红”改为意为大水的“洪”。多少年后他自忖，与气象结缘，冥冥之中似乎也有巧合。1980 年，陈正洪考入南京大学，因为种种原因被调剂到气象系气候专业（现为大气科学学院）。

气象不是热门专业，以至于还没去上学，村里人一直以为陈正洪要去读一所农民大学。而他的心已经奔向了南京，“我知道南京是个很美的城市，也有很深厚的文化底蕴”。更重要的是，这是自己心仪的学校，1921 年，中国近现代气象学先驱竺可桢先生在国立东南大学（南京大学前身）主持创办了我国高校第一个地学系，内分地理气象、地质矿物两个专业，南京大学地理、地质、气象三个学院，都是竺可桢先生首创，可谓历史源远流长。

一进大学，学校专门请名师来教授第一堂课。

“气象学科有什么用呢？”没想到这一课就让他大受震撼。老师讲了这样一个真实的故事：20 世纪 50 年代，因未能准确预报强台风，导致沿海大量船只倾覆，老百姓蒙受巨大损失。陈正洪第一次意识到，气象事业直接关乎国计民生。“既然这么重要，没有什么理由不把它搞明白。”他暗暗下决心。

一旦下了决心，他就很“轴”。不管是基础课还是专业课，就都要学好。既是同乡也是老同学的唐仁茂还记得陈正洪努力学英语的样子。初入学因为英语基础弱，陈正洪被分到了英语慢班，但他非常刻苦，起早贪黑背单词、学语法，把英语的短板补上了，后来可以读英文文献，用英文写论文，为日后的科研打下了坚实基础。

陈正洪为什么这么拼？大家猜想：“老陈是找到乐趣了。”

大学期间，在伍荣生教授（现为中国科学院院士）的动力气象学、傅抱璞教授的小气候学、卢其尧教授的农业气象学等课程的吸引下，他在学习上下苦功，沉浸于气象科学研究中。为什么山脉是气候的分界线，为什么迎风坡多降雨，背风坡则易形成“雨影”和焚风效应，为什么山越高降水越多，为什么在我国东南部的山区不能将双季稻种到千米以上？这些问题令他着迷，也成为他走向遥远“气

2021 年，陈正洪与团队展开讨论

2021 年，陈正洪指导团队开展相关研究工作

象征途”铺展的一砖一石。

也是在那段时间，因为喜欢生命科学，选修了生物学，喜欢上了气象跟各行各业的这种关系，特别是农业。大学三四年级报考硕士研究生选择志愿时，陈正洪思忖道：“生物学研究的是生命，从萌芽生长到开花、结果，再到枯萎，整个过程和气候有那么密切的关系，而且科学家已经把它发展成一门学科了。”他想，“气象也是有生命的。”

1984 年，陈正洪考入华中农业大学农学系农业气象专业（后改名为植物科学学院），1987 年获得理学硕士学位。

或许，道路在那时候已经铺展开来。“我认为做事业最重要的是选定方向，坚定信念，只要对社会有用的事业，方向就不会错，遇到困难绝不气馁，唯有坚持，才能取得成绩。”多年后，当被问到“做事业最重要的是什么，是什么让您始终保持工作激情”时，他这样回答。

到现场去：深入群众、生产一线，多做调查研究

1987 年，陈正洪研究生毕业，进入湖北气象部门工作。

作为湖北省气象局当时的第二个硕士研究生，他自认为有责任去趟一条路，但却需要直接面对一个问题：刚到单位，一个大项目只赶了个尾巴，很快就没有项目可做了。接下来，气象科研课题从哪里来、应该怎么搞？

“切不可怨天尤人、自我抛弃，而应把这个特殊时期当作将来腾飞的学习期或蛰伏期。”这是多年后他在读书会上与青年们分享的心得。

把坏事变好事，是他面对困局的豁达心态，也是应用气象的价值追求。一方面，他到武汉大学、华中农业大学等高校的图书馆，翻遍了果树冻害的文献，为后来相关研究提供了思路。另一方面，读书时的一次现场调研带来了灵感。那是他踏上应用气象事业的第一站。

2021 年，陈正洪在劳模创新工作室

1983 年底到 1984 年，正是全国开展农业区划的火热时代，“改革开放以后，大家都想了解我们国家整个农业资源怎么样”。还在读书的陈正洪跟随老师前往福建省闽江最大的支流沙溪流域，开展山区小气候考察。现场调研给年轻人带来新鲜的体验感，以往在课本上学到的气温随高度下降的原理，在现场生动立体起来了。

他把这种工作方法从学生时代带到了工作中。有一次，他做气象与油桐研究，先乘公交车直接到海拔 1200 米处，再从山上一步步走下来，沿路一家一户问，看油桐在哪个海拔高度产油率最高、产量最高，将调研结果制作成一条曲线。在山区做气象与果树调研的时候，他经常去当地农户走访，“这个地方种了哪些品种，从什么时候开始的，有什么变化，和附近其他地区有什么不同，”有时候这种细致的调研会带给人惊喜，“农民会给出很多意想不到的信息，丰富着我的知识世界。”

知识积累与跑现场的脚力都有了，成果与成功就是水到渠成。

20 世纪 80 年代末，在与林业部门打交道时，陈正洪常听到森林发生火灾的案例。1987 年，他从报纸上看到了大兴安岭发生特大森林火灾的报道。这条来自遥远东北的新闻牵动了他的心，“森林火灾不仅危害民众生命财产安全，对生态环境

2021 年，陈正洪与同事就科研业务问题进行细致研究

更是极大的破坏。”于是，他立即与同事展开调研。为了收集第一手资料，他跑遍全省 50 多个县、几十个林场，风餐露宿于鄂西山区、大别山、幕阜山等地。而他们申报的“湖北省森林火险等级标准及森林火险预报系统的研究”最终获批省重点科技项目。

经过 5 年攻关，该项目获得 1996 年湖北省科技进步二等奖。同时，陈正洪主持的“湖北省林火气候综合区划研究”获得省农业区划优秀科技成果二等奖。

后来，陈正洪又完成“神农架林火气象特征”和“湖北省城市火险气象预报方法研究”等课题。2006 年，他主持制定的《城市火险气象等级》国家标准正式颁布执行。他参与的 5 个相关科研项目，将湖北省森林火险气象科研及服务能力向前推进了一大步，实现了全国领先。

多年以后，因为热爱与“放心不下的”责任，他依然奔波在多个相关气象保障服务现场。

老同事胡昌琼还记得，有一次跟陈正洪到随州开展暴雨强度公式修编。她发现，陈正洪对当地的气候特点、水系情况信手拈来，甚至谈到河流的时候，住建部门的工作人员说“你比我们当地人都了解”。

还有一次，陈正洪牵头一个有关长江航道的研究项目。“他

2022 年，陈正洪调研梁子湖水产气象科研和服务工作

带队从宜宾一段一段坐船调研，还去跟跑船的人了解情况。”团队里的同事都把他当作“定海神针”。

有年轻后辈请教如何确定研究方向和主题，答案早已写在陈正洪的行动里：“最好的答案就是：深入群众和生产一线，多做调查研究，准确了解和掌握需求，根据目前的能力设计选题；多读国内外最新科技文献，多参加学科前沿的学术会议，积极参与研讨，努力激发或找到灵感，最好写一篇文献综述，把思路厘清，把技术路线图绘制出来。”

打开天地：提出问题是最难的，解决问题总有办法

某种意义上说，陈正洪做的研究相当“接地气”。一条报道、一次沟通、一个问题、一种观察，都可能成为待开掘的研究课题富矿。

“我选择科研课题的标准和条件只有一个，就是社会迫切需要，又与气象联系紧密，通过学习其他行业知识，利用应用气象学原理，可以很快找到学科交叉点。”他解释说，“其实就我的专业和认知，提出问题是最难的，解决问题总有办法。”

有时候，提出的问题来自于日常的细致观察。

湖北位于南北气候交汇带，天气变化剧烈。“夏天中暑人数急剧增多”“冬天心脑血管病人增加”，报纸上的报道引起陈正洪思考，他开始探索气象与健康的关系。

想法虽好，但起步就遇到了困难。陈正洪也承认这是做应用气象的难题，“如果要说有难题的话，就是做电力气象、健康气象等专业气象研究时不容易获取相关行业的资料，通常掌握了资料就成功了一半。”

而陈正洪总是能想方设法获取这些资料，秘诀就是“站在各行业的角度，气象是服务的提供者，这种行为是利他的。要以为用户提供优质服务的初衷、态度和成效去打动服务对象，并为继续合作打下基础”。

他先找到湖北省卫生厅，争取到支持后，开始一家一家地跑医院、一点一点地收集相关资料。

盛夏午后，阳光将马路烤得都要冒烟了，路上一个行人也没有。陈正洪带着一个年轻助理工程师，在武汉一家医院旁的小餐馆吃过盒饭，就趴在桌上睡着了。他们已经记不清是第几次来医院了。这天上午，他们的请求再次被拒绝，理由是：按规定，医院病案是不能对外公开的。在小餐馆稍事休息后，陈正洪再次出现在医院的走廊上。

望着这两张略显疲惫而执着的面孔，医院负责人被感动了：一个人为了科研，为了别人的健康能这样无私、忘我，这和医生“治病救人”的职业追求是相通的，资料交给他们有什么不放心呢？有了医院的配合，他们开始日夜加班，对近 10 万个病例进行分析、计算，形成了独具特色的涵盖 8 种常见疾病的等级预报系统。后经专家评定，该项研究达到国际先进水平，其中的高温中暑指数被写入了医学专著。

有时候，提出的问题来自于一次际遇。

每年 3 月，武汉全城 50 多万株樱花盛开，带来巨大的“流量”。在 1999 年，通过一次偶然机会，陈正洪拜访了被称为“樱花教授”的我国著名植物生理学家肖翊华。从 1947 年起直到离世，肖翊华连续 60 年不间断观察记录了樱花开花日期等情况。

1999 年，陈正洪开展花期观测

结合肖翊华的观测成果，陈正洪自 2001 年开始做武汉樱花花期预报。他的“樱花花期变化特征及其与冬季气温变化的关系”一文发表在《生态学报》上，后来又完成“气温对日本樱花初花期影响研究”一文，这些研究成果在国内影响颇大。

近年来，湖北省气象服务中心还不断创新樱花花期气象服务，2024 年与省文化和旅游厅办公室联合推出“武汉赏樱天气地图”小程序，对全市 70 多个代表性赏樱点的初花期和盛花期进行预报。小程序上线一周，就有近五万人点击访问。

更多的时候，提出的问题更来自于勇敢走出去。

在武汉，桥是一道独特的风景。有文章曾写道，武汉的每座大桥几乎都在工程史上拥有姓名，这座城市本身就是一座“桥梁博物馆”。从 1999 年开始，陈正洪承担“武汉阳逻长江公路大桥桥位区设计风速专题研究”课题，随后又主持完成了贵州百盘江、武汉长江（阳逻）、鄂东长江、香溪长江、深圳湾、黄河小沙湾等地近 20 座公路大桥的设计风速观测和计算工作，得到委托方充分肯定。

而且，大桥抗风设计还从国内走向国外，成为陈正洪团队的“品牌”。2007 年，湖北省气象部门中标“安哥拉索约卡宾达交通通道气象观测和研究”项目，开创了湖北气象走出国门、迈向更为广阔的国际合作的先河。安哥拉索约卡宾达交通通道项目连接安哥拉北部扎伊尔省的索约市与卡宾达省的卡宾达市，整个项目总长约 75 千米，其中跨刚果河大桥长约 10 千米。

刚参加工作不久的成驰等人沿着前辈的道路，接下了这个任务。非洲资料有限，出发之前，陈正洪一一叮嘱细节。“让我关注当地的自然环境，有没有狭管效应的地区，有没有可能发现局地大风，问当地人历史上有没有发生灾害。”诸多细节可能决定任务能否成功。

2007 年底，成驰前往安哥拉现场开展工作。克服了瘟疫、战乱、语言不通等一道道难关后，成驰最终觅得最佳气象资料观测点，拿到了资料，完成了既定任务。

最重要的是，“应用气象”要真正用得上。“最终都回到应用气象，做对社会有用的气象服务，对人民有用的气象服务。”陈正洪这样总结。

在陈正洪和同事的努力下，城市环境气象预报系统、医疗气象预报系统、紫

外线监测预报系统、光伏发电功率预测预报系统、风电功率预测预报系统、区域性气候可行性论证技术指南及其系统等成果不仅在省内大展身手，还在全国范围内得以推广应用。其中，湖北省森林火险天气等级预报系统、武汉市空气质量预报业务系统、北京市城市集中供热节能气象预报系统、深圳市城市暴雨强度公式推求系统等在当地得到了切实应用。

陈正洪对待事业的激情和长久的孜孜以求，带动着身边人，也感染着众多有共同理想的人。“他从不将成果束之高阁，而是不遗余力地去应用、推广并在实践中检验和修正这些成果，”中国工程院院士丁一汇在给《应用气象论文选集》的序里写道：“真正做到了‘边研究、边应用、边服务’，为我国经济社会可持续发展贡献了气象人的知识和智慧，是当代应用气象领域的‘开拓者’之一，引领了应用气象技术发展。”

撕掉标签：“冬天来了，春天还会远吗？”

这是个在别人眼里可以把一分钟掰成几瓣用、“把几辈子活成一辈子”的人。每一个和陈正洪共事过的人，都能滔滔不绝地讲出他“争分夺秒”的故事。

年轻的时候，在武汉酷热的夏天里，别人下了班打球、逛街，他却是挑灯夜战，光着膀子写论文。“什么力量让他做到？”多年以后，唐仁茂眼中的陈正洪依然很拼，他为这位老友总结道：“他坚守初心，勇毅笃行，博学拓新，忘我奉献，把个人的理想和追求融入党和国家的事业之中。”

为了一个项目，他到处奔忙，可以一个月到北京出差八次。

60岁以后，他甚至更忙了，周末还忙着参加学术交流、给全国各地的学生们改论文。

他快马加鞭、拼命争抢每一点滴时间。“在我的词典中，是没有‘内卷’这个词的。我至今都不懂什么是‘内卷’。我只知道向前冲，在科学研究和专业气象服务的道路上一直不停地探索，因为永远有做不完的选题。”他说。

他不愿意被贴上“病人”的标签，尽管他曾遭受疾病的“重创”。

1999 年，陈正洪被诊断为尿毒症。或许别人很难想象这种打击有多么沉重。大学时代，老师曾对他说，你这个小孩好奇怪，喜欢规划未来。“我就比较喜欢规划未来 5 到 10 年期的事情。”这个年轻人对生活和事业保持着巨大的热情与乐观，常常设想着接下来 5 年要做什么、未来 10 年做什么。然而，疾病却无情而至。

多年后，陈正洪在与青年交流读书心得时，分享了自己的态度：要谨记英国浪漫主义诗人雪莱的《西风颂》里最后两句，“冬天来了，春天还会远吗？”，要有那种情怀，我们可以无限想象着，春天就会到来，到时春风和煦、春光明媚，大地复苏，充满阳光和希望。其实换个角度，冬天不也很美吗？冬天不仅是寒气凛冽、寒风萧瑟，也有梅花傲雪盛开、万物正在萌芽待发，既是冬藏时节，也是养精蓄锐的大好时刻，这就是我的态度。

那段时间，除了与病魔抗争，陈正洪还完成了一个长久以来的愿望。

从 1987 年研究生毕业开始，陈正洪就递交了入党申请书。这次，组织同意了他的入党申请，“是组织给了我第二次生命。”

1999 年 12 月 30 日，在原广州军区武汉陆军总医院住院部的病房里，正在与尿毒症进行顽强抗争的陈正洪，支撑着虚弱的病体，完成了庄严宣誓。在单位领导和同事的见证下，他从此有了一个新的身份——中国共产党党员。

2000 年，在组织的关心支持下，陈正洪接受了肾移植手术。“我没有什么积蓄，如果手术失败，我十多年来收集的所有气象图书和资料就作为党费全部捐给图书室。”在上手术台前，他这样说。

手术很成功。“我的命是单位拉回来的，是党给予的。我现在是以一种感恩的心态，去生活，去面对我的工作、我的家人、我的同事以及我身边所有的人。”他心怀感恩，更珍惜时间了，恨不得像“海绵里挤水”一样挤出每一点时间用来看书和做研究。

2003 年底，陈正洪正领衔开展大桥抗风设计方面的专题研究，并承担“贵州北盘江大桥工程设计风场研究”任务。然而，他却因为换肾后的不良反应，必须住院。在医院里，妻子俞诗娟发现行李中突然多了一个大布袋，打开一看全是关于抗风设计方面的书，而这是陈正洪为自己住院准备的唯一物品。

俞诗娟忍无可忍，和陈正洪大吵一架。“命都没有了，还搞什么研究？”

“命没了我也要搞研究，是不是？”陈正洪也知道自己的话不合情理，但是依然坚持，“在我有生之年能做多少就做多少，不可能停下来。”

俞诗娟坚决地把资料拿走。

没过几天，陈正洪又背着俞诗娟，悄悄让同事采取化整为零的方法，将材料带入病房，最终在病床上攻克了大桥抗风设计气象部分的技术难题。

陈正洪拒绝“病人”标签。“他酷爱气象，把工作当成爱好。”老同事何明琼佩服他的执着与乐观，“他看到好的风景也会拍下来，有时会哼哼小曲，经常学习新的观念和思想，和其他人分享。”

对此，他有自己的理解：是党给了我第二次生命，我深深地知道我的生命不仅属于我自己，更应属于党的气象事业。气象是我生命的全部。生命的长度自己很难把握，但其厚度自己可以主宰。要有那种“绵里挤水”“分秒必争”的挤和争的精神，努力用智慧增加自己生命的厚度，多为社会做一些有意义的事，让自己每一天过得有价值、有成就感、心情愉快。

新风口：追风，逐光，一直在路上

风能、太阳能，作为新能源开发的主要方向，发展势头迅猛。陈正洪敏锐地捕捉到新的方向，关联度极强的气象领域对新能源的开发利用能发挥重要的支撑作用。

实际上，气候变化一直是陈正洪关注的重要领域。

早在 1996 年，陈正洪就参与了丁一汇主持的国家“九五”科技攻关计划“重中之重”项目——“我国短期气候预测系统研究”，参加了华中区域气候变化气候模式预测产品释用技术及国家气候中心承担的气候异常对能源、交通、重大工程影响评估等 3 个专题。后来，在国家“十五”科技攻关项目中，他开展了湖北省城市热岛效应对气温变化影响评估工作，提出了武汉站气温序列中城市化影响显著以及城市热岛强度具有非对称性变化等原创性成果。

随着气候变化越来越受关注，陈正洪也很早就关注到：“能源太重要了，是经济的命脉。”而新能源开发对气象保障提出更多、更新需求。

“他洞察事物的敏锐度很厉害，特别喜欢主动和不同行业的人交往，接触面更广、了解更深。”在湖北省气象服务中心党委书记、主任张震看来，环境在发生变化，气象正在与各行各业深度融合，“陈教授其实走得很在前面，可能很多人还没意识到某个发展方向，他已经抓到这个风口，而且能做下去。”

必须要尽快行动。由此，陈正洪承担了 2010 年度行业（气象）科研专项“太阳能预报技术研究”，主持了中国气象局现代气候业务试点工作“太阳能光伏预报系统建设和太阳能发电预报服务试点”。他研制的太阳能光伏发电预报系统、风电功率预报系统，均取得国家版权局颁发的软件著作权证书，并在全国十多个省（自治区、直辖市）的 100 个光伏电站和风电场投入使用，为建立我国光伏发电功率预测预报技术体系打下基础。

他带头组建了由全国各地技术人员组成的新能源开发气象科研创新团队，时而奔波在戈壁沙漠服务光伏电站，时而背着装备进入大山追风。让许多个“0”成了“1”——建成了我国气象部门第一代、拥有自主知识产权的太阳能光伏发电预报系统，完成了全国第一本太阳能光伏发电预报专著，制定了我国第一项太阳能预报领域行业标准。

2024 年，陈正洪开展太阳能资源观测

“陈教授说过，我们搞气象服务，光在家里面是搞不出来的，一定要走出去，去接触一线，了解用户的需求、社会的需求、国家的需求，贴合实际地去深入挖掘，提供气象服务。”计算机专业出身的崔杨进入团队第一年，恰逢湖北省气象服务中心自主研发的新能源发电功率预报系统在西北地区推广，就主动请缨奔赴茫茫戈壁部署预报服务系统。

从兰州出发，入张掖、经武威，再沿昆仑山脉过酒泉、瓜州、嘉峪关、敦煌——即使已经做了充分的准备，但前线的艰苦条件依旧超出想象。风电场和光伏电站往往坐落于远离城市的荒凉戈壁，物资匮乏、环境恶劣，时有狂风卷着黄沙遮天蔽日，昼夜温差可达几十摄氏度。最让她困扰的是，很多电站条件艰苦，此前因没有女性踏足而不设女厕所，连个人卫生都成了问题。“我一度跟陈教授说，时间太久了，扛不住了。陈教授鼓励我，在这个过程中，不仅仅要盯着安装系统这一件事，还要跳出来去思考挖掘一些科学问题并总结归纳存在问题。”最终，她坚持了下来。

其实，不光是团队里的年轻人东奔西跑，陈正洪自己也依然坚持深入一线。2023 年，他第二次换肾手术后不久，就和团队一起进行现场踏勘。

2024 年劳动节假期，团队成员许沛华在恩施州巴东老家的高铁站偶遇了一位“熟人”，一位新能源气象服务的受益者。就在 2022 年，恩施计划实施国能长源巴东县沿渡河镇 100 MW 农光互补光伏发电项目。但从历史资料上看，恩施的光伏资源并没有那么可观。陈正洪决定亲自去恩施看看当地光伏资源情况。“除了去现场看，他还去问附近的居民，通过多方面信息佐证。”许沛华记得一个细节，“陈教授是学农业气象出身的，联想到光伏资源与日照有关，调研时发现当地有种脆李特别甜，也能侧面证明当地光伏资源丰富性。”

最终经过充分调研论证，他们得出了科学结论。许沛华遇到的这位“熟人”正是国能长源负责巴东项目的詹铠经理。他告诉许沛华，该光伏发电项目已经投产建设了一半。

目前，湖北新能源发电功率预报系统已经推广应用至全国百余家新能源场站，在 2023 年中国气象局组织的风能太阳能发电精细化气象服务示范计划（SDP）中，获得“风光”短期超短期四项考核第一。

2010 年，陈正洪提出研究型专业气象服务的理念，如今，他依然坚持。在此列出研究型专业气象服务 8 个要点，即：开展调研与需求分析，找准科学问题和技术难点，提出解决问题和难点的技术方法，项目申报（横向、纵向、服务），观测试验、数据采集、研究分析，系统集成、效果检验、方法修正，推广应用、延伸服务，集中资源、建设团队、出成果、出效益。

致谢：必须要给她留下重要一章

科研工作者通常以专业严肃的面貌示人，但并非没有丰沛的感情。很多人会在论文的最后一部分，献上谢意。

陈正洪的《应用气象论文选集》致谢，给了生命中的很多人。那些名字在他人生的不同阶段闪烁，照亮了一段或晦暗或明亮的道路。

除了父母，第一个感谢的人是妻子俞诗娟。“我对妻子的感激，难以言表，任何文字的表达都是苍白的。”他写道。

陈正洪与家人在一起

她是个坚强、可依靠的女人。年轻的时候，她笃信命运要靠自己把握，也曾想成就一番事业，“第一个理想是当兵，第二个理想是当女司机，第三个理想是穿白大褂”。后来，她终于在医院穿上了心仪的“白大褂”，成为一名医护人员。再后来，她把自己的大部分人生给了他——她承担了几乎全部家务，容

忍他的脾气，爱惜他的身体，甚至为了他的健康争吵。“他就是一个工作狂。”俞诗娟一边抱怨丈夫回家以后待在书房继续工作，吃饭也要喊好几次，但依然会等他吃饭的时候把饭菜都热好。

即使现在，儿子已经有了孩子，她也总是不能坦然地享受天伦之乐，心里总是记挂着陈正洪。或许，她已经彻底接受了他的一切：“只要他开心，就让他去。他是工作狂，我如果叫他不工作了，他肯定还烦了，是不是？”

而他们的儿子陈城，既随着年龄增长更加理解了父亲，又像当代很多年轻人一样，决心要走一条新的道路。年幼的时候，父亲常常在山里奔波，难以顾家。现在，陈城把家人放在第一位，正在成为夜里能熟练照顾婴儿的年轻爸爸。在不同于父亲那时的时代潮流里，他的道路将延向不同的远方。

当然，还有很多谢意，他给了哥嫂等家人、老师和同学及人生不同阶段的引路人。

如今，陈正洪也成为很多年轻人的引路人。这些年轻人中，或许有一部分也会走上与他相同的道路。

陈正洪自己依然不打算放慢脚步，“我仍奋斗在应用气象一线，在人生新征程再起航”，写好下一章。

孙　立

孙立，男，出生于1985年6月，中共党员，现任海南省气象局应急与减灾处副处长。自大学毕业后就义无反顾地投身于南海气象工作中，十几年如一日坚守在风云变化莫测的南海上，先后在地面测报、预报和预警服务等多个岗位锻炼成长，为推动三沙气象预报、预警服务工作做出突出贡献，获2019年第九届全国“人民满意的公务员”称号，2020年获评第26届“海南五四青年奖章”。

孙立

于碧海云天间守望风云

《中国气象报》记者　叶奕宏

楔子："希望他立于天地之间"

1985 年 6 月 11 日，永兴岛，西沙气象台。

这几天，从三亚市气象局来的孙令琼一直很"反常"。

说实话，自从接下支援三沙气象事业发展的任务来到岛上后，孙令琼留给大家的印象一直是踏实、肯干、能吃苦，对两年只有两个月假期的条件没有一点埋怨。他很清楚海岛交通不便，人手也少，但观测和台站建设任务断不得，所以一向是有事就第一个冲在前面。

但现在，他虽然工作起来依然是一股子拼劲儿，但难免带着一点焦躁，让人感觉到他心里边"悬着事儿"，一得空，眼睛更是时不时地瞟向台里唯一的座机。

孙令琼惦记的是媳妇邢福姑，怀胎十月，眼见着要生了，就是这几天，但他没法儿回去。家里，70 岁的老母亲带着年仅 3 岁的老大，媳妇大着肚子还要为生计忙碌，每次问都说“还可以”，就是不知道——

“生了！ 8斤！大胖小子！”孙令琼大哥的电话给这几天的焦灼等待画上了暂时的句号。

“我得给他起个名字。”孙令琼开始琢磨。

一横是天，一横是地，人站当中，头顶破了天——“立”，这个孩子叫孙立。

“希望他立于天地之间，堂堂正正，出人头地。”

少年热血

小时候的孙立是什么样子？

“乖。”父母异口同声地回答。

说他乖，一是因为他上头还有个大哥，是三亚市气象局单位大院里不折不扣、“一呼百应”的“孩子王”，孙立相对听话得多；二是因为他从学习到生活基本上用不着家长操心，更是早早就承担起补贴家用的责任。

孙家经济并不宽裕，邢福姑下岗后，仅靠孙令琼的工资养活四口人就有些捉襟见肘，于是家里谋划着支了个小摊卖水果。从九岁开始，孙立放学后就会帮着妈妈看摊，再大一些就帮着挨家挨户送桶装水。其实孙立不是嘴甜、会卖乖，和大人打起交道游刃有余的孩子，但如果“工作”需要，他也能做得挑不出错来。

但在孙立自己看来，小时候的自己“属于那种比较爱玩的孩子”。

和20世纪80年代许多单位大院一样，住在这里的大多是“同一个战壕里的战友”，他们的子女也自然而然地打成一片，打弹珠、捉迷藏……在整个大院里，除了气象观测场和业务办公楼以外，没有哪一块地方是孩子们没有去疯过、闹过的。

“如果没有大人领着，你们绝对不能进去瞎玩！”孙令琼不止一次严肃申明，“那里面有很多精密仪器，磕了碰了，数据不准了，把你们卖了都赔不起！”

再乖的小孩也总有些逆反心理，有时候父母越说不许越要去踩一踩“红线”，但独独对气象相关的“禁令”，孙立不敢造次。虽然他不知道父亲为什么说这些，但凭着小动物一样的直觉，他清楚地意识到：气象，是一件很严肃的事情。如果真的因为他贪玩导致仪器设备“磕了碰了，数据不准了”，恐怕不是挨一两顿打就能翻篇的。

当然，从现实需求来说，气象大院的孩子们也完全没必要违反“禁令”，因为大人们总是很乐意带着他们亲近自己热爱的工作。

观测场上的百叶箱、雨量筒，对孙立来说丝毫不陌生，因为父亲从事高空探测工作，只要他起得了床，还有机会跟着父亲一块儿去施放探空气球。

随着氢气注入，薄薄一片气球晃晃悠悠地鼓起来，变得又白又大，好像一轮月亮。它拼命挣啊挣，终于在 07 时 15 分奋力挣脱高空探测员们的手，跃向远方。“如果这只气球再大些，能不能把我带上天呢？”偶尔，想象力丰富的孙立会想。

等到再大一些，孙立爱上了打游戏，尤其钟爱《反恐精英》。这款游戏不仅考验游戏技术，也考验策略与合作，既需要胆大心细、敢于冲锋陷阵的勇者，也需要步步为营、善于排兵布阵的智者。而孙立手速快，反应敏捷又有谋略，既能拿着步枪当好突击手，也能统领全局当好指挥官。因为技术好，周围很快聚集了一批“同好”，其中几个同学还和他组建了一个游戏战队——“Memory Team”，很快因为战绩突出在当地小有名气，获得地方游戏比赛第一名。“这是我第一次上报纸！”孙立不无自豪。

因为“Memory Team”“定点”光顾的网吧总有观战者、挑战者慕名而来，让网吧老板赚了个盆满钵满，他大手一挥：只要孙立和他的“战友”们来了，一律免单！

这对十几岁的孩子来说无异于巨大的刺激和诱惑。但孙立从来没有在电子竞技带来的快感与荣耀中迷失自己。

当问起他算不算“被气象工作耽误的电竞选手”时，孙立斩钉截铁地说，不是。他很清楚，在当时的社会环境中、家庭条件下，游戏对于他来说，只能是爱好。所以高三那年，在“爱好”影响到学业时，他果断“踩了刹车”。

2005年，孙立考上了云南大学，摆在他面前可供选择的专业里，他一眼就挑中了大气科学专业。当时他说不清为什么，现在想想，“可能是耳濡目染吧。”

小时候的他没有走进这项“严肃又神秘”的工作，现在的他想再试一试。

人生抉择（一）

大学四年倏尔而过。对孙立来说，大气科学专业的学习是一段充满挑战与发现的旅程。

孙立埋首于厚重的学术书籍，去理解天气系统的形成机制，挖掘大气现象背后的科学原理；也穿梭在复杂的气象数据之间，将理论联系实际，去解读飘渺而神秘的云层、变幻莫测的气候系统，以及它们对地球生态和人类活动影响的深远意义。

通过学习和实践，孙立开始理解了，为什么父亲和同事总是如此执着于在07时15分和19时15分施放气球，一分钟不多、一分钟不少，为什么他们对气象仪器和数据如此看重，为什么在日复一日重复工作之余还要思考简化流程、提高效率的路径，为什么愿意放弃舒适的生活去设施简陋、虫蚁横生的海岛上经年守望……原来，对于他们来说，气象工作，从来都不是一份糊口的职业。

孙立终于下定决心，将父辈对“准确、及时、创新、奉献”的执着，变为自己终生的追求。

但在此之前，他需要做出一个重要抉择：是留在云南，还是回海南。

事实上，孙立当时差一点就选了前者，“我已经和昆明市气象局人事处聊过了，准备入职底下的晋宁县（现为晋宁区）气象局，但是一想父母都还在海南，我还是放弃了这个机会。”

有一件事他至今记忆犹新：当年他去昆明上大学，孙令琼和邢福姑也陪着。在大学里安置好以后，孙立就想着和父母在昆明城里逛逛，这一逛就来到了世界园艺博览会园区门口。

1999年，以“人与自然——迈向21世纪”为主题的世界园艺博览会在“春城”昆明成功举办，这也是中国举办的首届专业类世博会。该博览会结束后，世博园所有场馆都被整体保留下来，集园林、雕塑、音乐喷泉、艺术广场等于一体的园区也成为今后很长一段时间内云南文旅界炙手可热的“明星”。孙立一家当然也想进去看看，可是当时100元一张的门票让他们有些踌躇不前。

他们犹豫了很久，还是邢福姑拍板了：“你们爷俩去，我不爱看这个！”但谁都知道，她怎么会不爱看呢？

“我们家其实是我妈说了算，她比较厉害，也很辛苦。”现在的孙立指着当年自己和父母在世博园门口留下的合照说，“所以你要问我当年为什么选择三沙，最主要的原因就是能多照顾一点家里。”

是的，选择海南之后，他紧接着要做出第二个人生重要抉择：去保亭黎族苗族自治县，还是去西沙？

当年，保亭还没有打出“气候康养”的“金字招牌”，经济发展和基础设施建设相对落后，交通更是不便，运气好能搭上车的话，去往孙家所在的三亚市也要两三个小时。相比之下，虽然西沙的交通状况也令人不敢恭维——只有水路，船又小、班次又少，哪怕在风平浪静的情况下孙立回一趟三亚也要忍受十几个小时的“晕眩状态”，但或许就是因为有这样艰苦的条件，当年，西沙气象台允许职工将因驻岛值守错过的法定假日“补休”回来，据说最长一次能休半年。

半年！对还未入职场的毛头小子来说是多大的诱惑！孙立已经开始畅想，这半年他既可以在家里帮着父母打理家务、帮着哥嫂照顾小孩，也可以独自出门痛痛快快地玩上一场，或带上父母去他们想去的地方。

但只有亲身经历了才会意识到，半年，该是错过了多少假期啊！

人生抉择（二）

孙立或许不知道在西沙气象台驻岛工作的苦，但父亲孙令琼可清楚得很。

当年还没有“三沙市”，西沙群岛上设办事处，归海南省直接管辖。

1957 年，按照国家部署，广东省气象局准备建立西沙群岛气象站，并计划在 7 月 1 日 08 时按时观测并发出观测报文。6 名气象工作者先后登上永兴岛，拓荒、建站，让西沙群岛气象站成为永兴岛上最早的政府部门。

孙令琼还记得 1984 年刚上岛，就被那里荒凉的景象所震撼——这里说的“荒凉”不是指人烟稀少，事实上为了建设西沙，当时岛上还设有海南区西沙渔业生产指挥部、西沙水产收购站等单位，还有驻岛部队，但无奈条件实在简陋——几条土路，几间板房，里边的木质家具因为过于潮湿的气候出现不同程度的朽烂，喝的、用的水里生活着各色虫子，甚至还有泡烂了的老鼠尸体……来自海南多地的 20 余位观测员、预报员，要在这里待两年时间，其间只有两个月假期。

孙令琼走的时候家里的老大才 3 岁，妻子邢福姑是盐厂的女工，每天早出晚归很是辛苦。但他是军人出身，服从命令是天职，所以任务派下来很干脆地就答应了。哪怕岛上是这样的环境，哪怕后来妻子怀上了老二孙立被厂里停工只能去卖甘蔗，孙令琼也没有说过一句自己家里的不易。

他唯一一次“出格”，是在孙立 8 个月大的时候多请了一个月假。那时候是冬天，岛上不会再有船只往来，包括补给船，但孙令琼着急赶回去，只能厚着脸皮搭了部队的炮艇。这种船船身窄小，有一点风浪就晃得厉害。饶是孙令琼身体底子强健，靠岸后都在码头足足躺了三个钟头才缓过劲来。

这晕船的毛病，孙立是有过之而无不及。

尽管近几年永兴岛上的生活条件改善许多，但颇为颠簸的水路，高温、高湿、高盐分、高日照辐射的自然环境，以及与世隔绝的孤独是不会变的。

但孙令琼觉得，年轻人不能一直做温室里的花朵，吃点苦、磨练一下，对以后的成长有好处。

他只问了孙立一个问题：“那里条件可是很差的，你想好了吗？”

孙立说，想好了，孙令琼就不再管了。

而母亲邢福姑对此的心情则复杂得多。在孙令琼驻岛的时候，她就是被留下的那一个，亲身经历过一个人大着肚子买菜、做活儿、去医院待产，亲自陪伴过从岛上回来孙令琼一点点从“小岛综合征”中恢复过来，她太知道驻岛给个人乃至家人的心理、生理造成什么样的影响，也太知道为什么会有那么多人前赴后继地离开，有那么多人无怨无悔地等待……所以，当她望着孙立如他父亲当年一样坚定的眼神时，出口的只能是：“去吧，想去就去吧。”

而对孙立自己来说，他其实没怎么把父亲所说的艰苦放在心上，因为他满脑子都是对西沙群岛鱼群、珊瑚的憧憬和向往——“小学时大家都学过《富饶的西沙群岛》，里面说‘西沙群岛的海里一半是水，一半是鱼’，我那时候心里就觉得这是个好地方，风景如画，到那里工作，除了没有我的哥们儿在，想不出还有什么苦了。”

于是他开开心心地去三沙报道了，就此翻开了人生的崭新一页。

驻岛生活（一）

2009 年 8 月 14 日，台风“天鹅”刚过，孙立第一次乘坐“琼沙三号”前往永兴岛。

刚开船，他和许多第一次前往三沙的人一样，满心兴奋。然而，海上的浪仍然很大。船开出去两个多小时，睡他下铺的同事就吐了。

这可是会“传染”的！孙立强忍着跑进卫生间，随后，整个胃都像是被扯了出来，难受极了。

那晚，趴在晃动的床铺上，他在日记里写道：“还没去到那里，心里都已经打了退堂鼓。那里的环境我能受得了吗？”

但是刚一靠岸，这通“退堂鼓”就息了声，永兴岛给了刚刚接触它的人一个小小的震撼，“好多人——感觉全岛的人都围过来了，一看跟过年一样！”

后来他才知道，接船的时候就是岛上最热闹的时候。

作为一座远离陆地的海岛，永兴岛上的物资全靠船运补给，淡水、蔬菜都是稀缺资源。在交通不便的年代，三沙市永兴岛，乃至整个西沙群岛的生命线，全靠一艘吨位不大的补给船维系——“琼沙 3 号”，它既是运送西沙永兴岛所需民用物资的补给船，也是往来人员的主要交通工具，不定期往来于文昌清澜港与三沙永兴岛之间，一般维持每月两趟的频率，但天气恶劣的时候最长 3 个月才能来一次。

所以每次船来了，就意味着新鲜的食物要来了；如果是毕业季，甚至还可能载着一些新鲜的面孔。这个时候，全岛的人——气象台、部队、驻岛单位的，还有渔民，全都会涌到码头上来。其实，从视觉上说，永兴岛的这个“盛会”远达不到“人头攒动、摩肩接踵”的“盛况”，但那些从心底里溢出来的喜悦和期盼还是会深深感染上岛的每一个人。

或许正是从那时候起，孙立和三沙之间的羁绊就此建立，他在驻岛期间有痛苦、有迷茫，经历了危险，也被夜深人静时的孤独击中过心脏，但他从来没有真正踏出离开这里的脚步。

驻岛生活（二）

下了船上了岛，孙立感觉自己又活过来了。

美是真美，蓝天碧海，云飞浪卷，绿树银滩，当真是风景如画。

荒——倒也没想象中的荒。

孙立来的时候正好赶上业务平台扩建，他的宿舍由父亲住过的板房换成了二层平房，装上了空调，连上了 4 兆的宽带，水电也通了——虽然这里的白天常年是“30+”摄氏度的高温，这样的日照强度，在三沙一年约有 300 天；虽然水质仍然堪忧，唯一一根塑胶管子里喷出的水有时候泛黄发臭，用它洗过的头发就像打了发蜡一样；虽然吃的、用的都很紧缺，工作、生活条件远远不如岛外舒服……

但孙立觉得这些“忍一忍就过去了”，适应了一段时间后，他就开始跟着站上安排的师父“上工了”。

当时，孙立被分配到了地面测报岗，由于新人需要在 3 个月后参加“上岗证”考试，顺利通过后才能独立值班，因此现在他的任务就是跟着各个前辈熟悉业务流程，间或温习几本专业书。

2019 年 5 月，孙立在三沙市气象台开展天气预报业务会商（摄影：黄志强）

当时还未实现站上地面观测业务自动化，测报员全天每个小时都要到观测场去观测当地的温度、湿度、风向、风速等各类气象要素，风雨无阻，全年无休。早孙立 7 年上岛的唐海荣说，“最头疼的是要频繁更换自记纸。经常顶着风雨去换纸，台风天要两人绑在一起去换纸，才不会被台风吹走。”即便如此，三沙气象数据记录一次都没有断档，成为珍贵的南海气象观测资料。

为了保证工作效率，站上的 5 名测报员实行“四班倒”制度——即 06 时到 12 时，12 时到 18 时，18 时到次日 00 时，以及 00 时到 06 时四个班次。值班期间，测报员 24 小时不敢合眼，生怕一迷瞪就错过发报。站上专门给值班员配了带闹钟的手表，每小时响一次，提醒值班测报员提前 20 分钟到 30 分钟去地面观测场，观测并记录数据后回到业务平台输入计算机，再上报到省气象局。

每天每一份报表上都有密密麻麻的数字，既不能迟发更不能出错。

测报员脑子里必须时刻绷着一根弦。时间久了，多梦变成了他们的“职业病”。在梦里，工作时可能出现的种种疏漏常常轮番上演，反复锤炼着他们对及时和准确的执着。

最痛苦的当然还是 00 时到 06 时的班。“尤其是四五点钟的时候。”孙立亲身体会，熬夜熬到了这个钟头，喝茶水、抹风油精等提神方法效果真的已经微乎其微，全靠一份责任心才能坚持。

岛上的观测员还必须熟稔掌握一项技能，就是运维保障。在当时，一般情况下，气象台站的观测仪器如果出现故障，需要上报上级气象部门，由省气象探测中心派专人维修，但永兴岛上的交通条件显然不允许这么做。所以孙立跟过的师父们个个是业务能手，如果观测仪器发生故障，但凡小毛病基本是“手到病除”，大问题只要有可更换的备件也能自行解决。

在驻岛的 3 个月里，站上的业务骨干、副站长、站长，孙立全跟了个遍，业务逐渐上手，而让他成长最快的“老师”则是台风。

2019 年 5 月，孙立在海口永庄检修 L 波段天气雷达（摄影：黄志强）

2009 年 9 月 26 日 08 时，当年第 16 号台风“凯萨娜”生成，并于 26 日晚进入南海，28 日 10 时加强为台风，30 日 11 时停止编号；同日，第 17 号台风“芭玛”生成，很快升格为超强台风，两次登陆菲律宾吕宋岛后，于 10 月 12 日 09 时 50 分以热带风暴级别在海南省万宁市龙滚镇登陆，造成海南省 15 个市县、158 个乡镇受灾，受灾 163 万余人，受灾农作物面积 4.57 万公顷。

受两个台风接连影响，永兴岛一连数日暴雨倾盆，狂风肆虐，树都险些被吹断，遑论更为渺小的人。但观测不能中断，当时值班的副站长唐海荣指导孙立用粗粗的尼龙绳把两人绑在一起，猫着腰尽可能贴近地面，“只有这样出门，才不会被吹走。”但即便如此，两人也是跌跌撞撞、踉踉跄跄，最后几乎是爬着到了观测场。

但不巧的是有些仪器的开门方向正与风向相逆，比如百叶箱，非得两人合力，

抓住大风“窗口期”才能拽开，然后须得一个人挡着风雨，另一个人在雨衣的掩护下才能哆哆嗦嗦地记下准确数据。

这种天气越是高耸的建筑越需要万分小心，而站上正好有一座 28 米高的气象雷达塔楼。孙立自告奋勇巡检雷达塔楼，发现楼顶大门抗风能力弱，随即有被掀翻的危险，他立即找来木板和绑绳，竭尽全力固定好楼顶大门，保障了天气雷达正常运行。

其间，孙立的情绪不是没有产生波动。有的苦恼他和同事聊过也就烟消云散，但还有一些迷茫和孤独，单靠他自己无法排遣。这个时候孙立也会寻求父母的帮助。

每一次，接到孩子的求助电话，孙令琼和邢福姑不是不心疼，但他们还是劝孩子不要轻易做“人生的逃兵”，而且——“都知道苦，你不干、我不干，那谁去干呢？”

孙立被问住了，但还是有些挣扎。

对此，作为一个父亲，也是业务前辈，更是一名老兵、老党员，孙令琼给了自己的儿子也是后辈一个诚恳的建议：向党组织靠拢吧，在党旗引领下找到人生的方向。

在父亲的鼓励下，孙立递交了入党申请书，并很快成为一名合格的共产党员，当然，这是后话了。

11 月底，孙立结束第一轮驻岛任务，到海南省气象局参加上岗证考试，一举成功。

2010 年，孙立正式上岗。顶着高温和强烈日照去室外检修设备，常常被晒得皮肤红肿、起泡，甚至晒掉一层皮；喝着浓茶、熬着夜，用意志力“捶打”困意；两人一组迎着风雨向观测场艰难进发，其间不知要摔多少个跤……这样的生活渐渐变得平常。

直到 2011 年 6 月，孙立被派驻到更远的珊瑚岛。

驻岛生活（三）

珊瑚岛，位于中国西沙群岛永乐群岛中永乐环礁西北部，距离海南岛 180 余海里（1 海里 =1.852 千米）。自 1974 年 4 月，西沙永乐群岛自卫反击战收复珊瑚岛后，次年 1 月 1 日广东省西南中沙群岛珊瑚气象站成立。

为了保证台站业务顺利运行，需要两三个人长期值守在珊瑚岛上。因此，西沙气象台的测报员基本都要上、也都上过珊瑚岛，一次要待上四五个月。

刚来一年的孙立正好轮上了这个任务。他至今仍记得第一次乘船去珊瑚岛时的“煎熬”：当时没有预约乘船，那天刚好碰上一条小渔船去珊瑚岛，就赶紧上船随行了，否则下一艘船还不知要等多久。渔船上萦绕着浓烈的鱼腥味，胃也跟着海浪一起翻滚，吐累了睡，睡醒了接着吐，孙立在海上漂了超过 8 小时……

这只是刚开了个头。“岛上年代久远的土砖房没有门，雨稍大一点屋里就会灌进风和雨，没想到珊瑚岛气象站的条件比永兴岛还要艰苦。”

更让人难受的是，珊瑚岛实在太小了。2011 年，那里只有 0.28 平方千米，还不到永兴岛的十分之一。在永兴岛上，闲了能跟驻岛官兵打打篮球，再不济能在沙滩上散散步，而在珊瑚岛上，连散步都够呛，不能尽兴——环岛一周都用不了 10 分钟。“而且在岛上的四个多月，大部分时间只能对着彼此这三张脸了，有时候聊天都不想聊。”

当时，在珊瑚岛气象站，只有孙立和另外两名测报员，他们分三班，每 3 小时开展一次观测业务，但是和永兴岛上不同的是，这里值 08 时、11 时、17 时班的人要负责做饭。令孙立印象深刻的是岛上的物资补给困难，有时一个月只有一两趟船经过，最常吃的蔬菜就是容易保存的土豆和包菜，冻肉需要靠驻岛官兵支持，绿叶菜那更是奢侈品。

但也是在珊瑚岛的经历，教会了孙立如何在繁琐重复的工作中始终保持对准确、及时的追求，要在日复一日的无聊和孤独中始终燃烧对生活的热情和执着，

也让他进一步意识到，“气象观测数据是准确预报天气的基础，直接关系到老百姓的生命安全，一刻也不能中断。”因此天气越恶劣，越要往外冲，为的是保护好观测仪器、采集第一手观测数据。

纵然多是累和苦，但也给他今后的预报工作打下了坚实基础。很快，孙立迎来了他职业生涯的又一个转折点：从测报岗转为后勤岗。

原来，永兴岛上的后勤保障工作是魏启强负责。自 1979 年参加工作以来，魏启强三十余年如一日地坚守在西沙群岛。平均每年在家时间仅两个月。2011 年，他光荣退休，本计划回老家琼海帮朋友照看果园，但西沙气象台的后勤工作一时半会儿还离不开他。台里的领导希望能返聘他，带一带继任者，魏启强二话不说就答应了。

考虑到孙立沉稳、周全的性格，台里选择让他接替魏启强，成为后勤站站长。

后勤工作千头万绪，需要承担者甘当绿叶、默默奉献，对年轻人来说是不小的挑战，但孙立又想到了父亲那句话——“你不干，我不干，那谁去干呢？”

于是他咬咬牙：“我来！”就此开始跟着魏启强跑前跑后，物资怎么运输，油去哪买，水如何分配，菜园子怎么打理——没错，为解决大伙常年吃不上青菜的问题，魏启强在老气象办公楼东侧动手开垦了两亩地，种空心菜、豆角、黄瓜、西红柿等；他还搭了大棚，修了猪圈鸡棚，所得蔬菜、肉禽全部无偿提供给台里。

现在，这些都是孙立的责任了。

但琐碎而反复的事情往往会消磨一个人的耐心和斗志——这种消磨连本人都很难察知。

但有一个人注意到了这一苗头。

驻岛生活（四）

这个人就是西沙气象台台长陈少健。

他一直关心着孙立的成长，他不想这个年轻人就此失去冲劲，于是想安排他在后勤岗位之外再兼职预报岗位。

这双重考验当然也意味着翻倍的工作量和压力。但陈少健台长语重心长地告诉孙立，后勤工作只是一段历练、一种经历，年轻人还是要立足主责主业。“你大学是学大气科学的，预报服务工作不能落下。”

在陈少健的提点下，孙立重拾对业务能力提升的追求，在抓好后勤工作的同时，重新啃起了专业书，还跟着其他预报员一起熟悉相关业务，并很快进入角色。

现为海南省气象局应急与减灾处一级主任科员的周海霞回忆起当年带着孙立熟悉预报岗位的经历时感慨：“他的成长速度令人惊叹。”

作为孙立的同门师姐，周海霞早他两年到三沙工作。听说小师弟要来时，她还担心他吃不了这里的苦，但没想到“瘦猴”一样的孙立，很快凭借自己的阳光、热情、开朗、勤奋，迅速融入了三沙。

她还记得，2012 年 6 月，孙立兼职预报服务岗后，每天早早到办公室分析天气形势、收看中央气象台天气会商，虚心求教、跟同事一起会商探讨。“他善于总结和复盘天气过程，很聪明，反应快，理论基础扎实，有自己独特的见解，很快就能胜任预报服务工作。”

“永兴岛的降水不像内陆多受地形影响，预报降水有时比台风还要难。”孙立深知，这与南海特殊的地理位置、科研领域尚存诸多空白不无关联。

这些“空白”，激发了孙立的斗志。他翻遍南海所有历史观测资料，归纳分析南海气候特征，积累总结预报特殊天气的经验，和同事一起建立南海区域长期气候观测模式，为国家和地方应对气候变化、服务生态文明建设提供强有力保障……凭着优异的预报水平，孙立成为三沙市气象局第一个获评“全省优秀预报员”的人，并连续多年获评。

2016 年的一天，在预报岗值班的孙立发现雷达图上一条醒目的月牙状回波，从海南岛方向汹汹而来。他意识到，原本风和日丽的三沙海域很快会出现“杀伤性”狂风暴雨。气象台向政府和各部门报告，提前发预警，想尽办法通知海上船只……在与时间的赛跑中，附近海域所有船只都收到了信息、顺利回港，无一人伤亡。

“我们刚靠港就狂风大作，那是我第一次意识到，天气预报能救命！”那天坐船在海上采集样本的环境科研人员吴其珍至今仍心有余悸：如果翻了船，不仅辛苦采集的海水样本将毁于一旦，船上十几个科研人员也可能生死未卜。

此外，由于往来南海的渔民、船长高度依赖及时准确的天气预报。为了深入了解服务需求，孙立和同事常年多次走访作业船只，不断优化预报内容，扩展预警信息传递渠道，还开设微信公众号科普气象知识，把防灾减灾意识播撒到更多人心里……这也让孙立收获了不少特别的“朋友”。

南沙渔民林圣雄便是其中之一。每次出海前，他一定会给孙立打个电话，确认天气平稳后，才敢放心开船。“报得很准！我从没见过他，却百分之百信任他。”在老林心里，自己与孙立是“电话之交”，更是“生死之交”。

“把未知的灾害性天气及时准确预报出来，传递给需要的人，奋力守住海上生命航线。”在孙立看来，这是自己作为气象工作者的使命与责任，也是共建“一带一路”、建设海洋强国的时代要求。

2018 年 10 月 31 日，南沙气象台投入业务运行，孙立还主动请缨加入首批驻南沙气象台业务运行工作队伍。可以说，他几乎将有人值守的岛礁“守”了个遍。

更让人佩服的是，在单位的支持下，孙立在抓实后勤、预报业务的同时，还申请攻读南京信息工程大学的气象学在职硕士，并最终于 2019 年获得学位。因此，提起孙立，很多当年与他共

2019 年 10 月，孙立在南京信息工程大学大礼堂进行事迹宣讲

事的同事都竖起大拇指——“自律”“统筹能力特别强”“业务、学习两手抓两不误”等，是他们对孙立的评价。

2019 年，对孙立来说是人生的重要节点。这一年除了学业有成外，还有一件大事，既是荣誉，也是鞭策：当年 6 月 25 日，第九届全国“人民满意的公务员”和“人民满意的公务员集体”表彰大会在京举行，对 192 名“人民满意的公务员”和 98 个“人民满意的公务员集体”进行表彰。习近平总书记在人民大会堂亲切会见了受表彰代表，向他们表示热烈祝贺，勉励他们不忘初心、牢记使命，在本职岗位上做出更加优异的成绩。

时任三沙市气象局预测减灾科科长的孙立，作为“人民满意的公务员”也在其中。

“当习近平总书记走到我面前，同我握手时，我心中充满了难以抑制的激动，只感觉到一种强烈的暖流涌上心头，觉得幸福、感动与振奋！”回忆起与习近平总书记握手的那个瞬间，孙立仍激动不已。

这一年是他驻守三沙的第十个年头，与艰苦孤寂相伴，却始终不忘初心、牢记使命。

但“高光”也意味着“高曝光度”——各种采访、访问、宣讲邀请纷至沓来。孙立不善面对镜头，但他知道，这些机会，将为公众了解三沙气象工作和气象工作者打开一扇窗户，所以每一次都认真以对。但他一直很清醒：“做气象人，预报准天气，是本分。老百姓有期盼，我们就要全力以赴。”孙立说，在高山、荒漠、海岛，还有很多人默默坚守，做好气象监测预报预警服务是大家共同

2019 年 5 月，孙立在三沙市气象台开展业务值班（摄影：黄志强）

的初心与追求。“哪里需要我，我就愿意在哪里发光散热。微光聚在一起，才是光芒。”

或许正是因为有这样的觉悟，在一个又一个职业生涯的十字路口，孙立都选择了三沙，选择了利于集体，选择了奉献和坚守。

但说再见的时候还是要来了。

2021 年 1 月，调令下达，孙立将赴海南省气象局任应急与减灾处副处长。

这也意味着，孙立要离开他驻守了近 12 年的三沙。

再写序章

凡是过往，皆为序章。

站在人生新起点上，回看在三沙的岁月，孙立感慨万千。

很多人都夸赞他一步一个脚印地往前走难能可贵，但只有孙立自己知道，这一路走来，他跨过了哪些：

他学会了接受孤独。孙立喜欢游历祖国大好河山，走过大半个中国，每到一个地方都有肝胆兄弟一起玩。但值班的时候他只能待在不大的岛礁上，与社会“脱节”，第一次值完班离岛甚至出现表达能力减退等“小岛综合征”。但是慢慢地，他学会了通过看书、写论文、散步等方式排遣寂寞，会打篮球的他甚至很快和驻岛官兵混成了好“战友”。

他学会了适应“缺席”。由于常年驻岛，孙立似乎总是生活中那个缺席的人，他最耿耿于怀的是母亲做手术时全家人只有他没到场，只能守在电话那头焦急地等待。这或许也是现在他一有机会就去陪伴父母，常能看见他在朋友圈“晒”爸妈：穿新衣服的、去旅游的、吃美食的……每一张他们都笑得很开心。“你养我大，我养你老”，是他对“孝”最朴素的理解。

他还学会了理解“失去”。“与时间打架，永远是输家。”孙立曾在朋友圈写下这句话。在驻岛期间，最好的朋友家里出了变故，他没能帮上忙，第一次感到“无能为力的绝望”。后来，奶奶去世，他又没能赶回去见她最后一面，从订票到飞回老家，一路上眼泪不停，那天晚上他在日记本里留下了满满一页对奶奶的思念。

是的，他有一个日记本，里面断断续续记下来很多他的迷茫、困惑、愤怒、悲伤，用他自己的话说，“像是负面情绪的宣泄口”。但记着记着突然有一天，他觉得自己不需要了。

他还有一个移动硬盘，里面存满了过去的回忆，但现在翻看，他仍记忆犹新的不是苦而是乐，不是困而是变：

他和部队官兵在篮球场上“对阵”，他抢前一步就要急停跳投入网；他和同事在单位门口支起铁架自助烧烤，那时候的烤肉真香啊；大年三十，所有值班人员围坐在桌边就着瓜子花生看春节联欢晚会，不知道哪个节目给大家逗得哈哈大笑……

永兴岛上，建起了新一代多普勒天气雷达、自动观测站，简陋土房和木屋变成舒适的办公楼、整洁的宿舍楼，还设有完备的冷藏室……

这些经历，最终浓缩成五个词：“坚守、严谨、敬业、奉献、传承”——这是三沙气象人的优良传统，是孙立心间的种子向下生根、向上生长的土壤和阳光。

尾声

现在的孙立已经在海南省气象局应急与减灾处任职三年多了。其间，他所在的团队圆满完成春运、高考、火箭发射等气象保障，也为博鳌亚洲论坛年会、中国国际消费品博览会等重大活动提供有力支持，多次收到各主办单位的感谢。他本人还参与落实琼州海峡大雾锁航应急机制细化责任分工任务，深化开展恶劣天气下琼州海峡通航专项气象预报服务；制定《海南省气象高质量发展省级指标评估方法》和《海南省气象高质量发展市县级指标评估方法》；推进全省 19 个市县完成气象灾害防御重点单位名录创建，进一步推动落实气象灾害防御主体责任……

2019 年 11 月，孙立在三沙市永兴岛某部队书屋进行事迹宣讲交流（摄影：苏庆东）

在事业上，他有了新的期待：“作为新时代的气象工作者，我经历了海洋气象预报的跨越式发展，希望能利用好不断创新的气象科技，继续加强预报预警服务，为经济社会高质量发展和人民福祉安康保驾护航。”

而在生活中，他也翻开了新的一页：找到了可以携手一生的爱人，并与她步入婚姻殿堂。

在他的妻子邢嘉雅眼里，孙立是一个善良的、可靠的人，他兴趣广泛、朋友多，做什么都想做好，喜欢钻研，做事认真。

她所说的这些特质，与孙立的同事、上级、朋友、父母的评价并无二致。

可见君子本色，表里如一。

赵虎炯

赵虎炯，男，现任浙江省岱山县气象局党组书记、局长、四级调研员。扎根岱山海岛37年，坚守“兴气象以服务为先、促发展以实干为要”的信念，带领岱山县气象局干部职工创新性做好海洋气象服务。在台风、雷暴大风等恶劣天气条件下，用气象服务守护近1700艘渔船、2万渔民的生产生活安全；开展分海区预报增加适航天数，助力休闲渔业服务增效；秉持“气象防灾科普先行”的理念，开展科普服务覆盖数十万人。2022年8月30日，被中共中央、国务院表彰为全国“人民满意的公务员”，同年9月，中国气象局发出向全国“人民满意的公务员”获得者赵虎炯同志学习的号召。

赵虎炯

一片海一条船

《中国气象报》记者　徐嫩羽

岱山县，这个在地图上很难找到的海岛县，位于我国的东部沿海，属于舟山群岛，由404个大大小小的岛屿组成。

2024年6月11日，记者从北京坐高铁到杭州，从杭州坐大巴到岱山，到达的时候，岱山下起大雨。车子刚到气象局门口，就看到一个皮肤黝黑、中等身材的男子站在气象局门口，笑脸盈盈，伸出温暖而粗糙的双手，“欢迎欢迎，辛苦了。”

原来他就是岱山县气象局党组书记、局长赵虎炯，他实际上是一位“60后”，但浑身洋溢着热情，完全就像一位年轻人。“往这里走，下雨天，路上很滑。”赵虎炯非常细心。

在岱山，天一会儿飘雨，一会儿放晴，一会儿出着太阳下着雨，一会儿下起瓢泼大雨。受海洋影响大，受地形影响大，天气局地性强——岱山县气象局的预报员们就是要在这样的地方做预报、预警、服务。

赵虎炯1987年进入岱山县气象局，扎根海岛37年，服务渔业，防灾减灾，海岛需要什么、群众需要什么、地方需要什么，就带头做什么。

在岱山，台风、冷空气大风、雷暴大风都会引起惊涛骇浪，赵虎炯把气象为渔服务的责任扛在肩上。几十年来，他坚持下渔村、进渔港、上船头，及时准确发布天气信息，做决策服务的“气象好参谋”；他长年用心、用情、用力开展服务，做民生服务的“气象小管家”、企业服务的“气象店小二”；他深耕当地产业发展，精心、尽力做渔业服务的“气象好保姆”。

“气象要担当的。”赵虎炯常常这么说。

2022年，赵虎炯荣获全国“人民满意的公务员”荣誉称号，去北京参加了表彰大会。

“我能获得这份崇高荣誉，完全归功于所有气象工作者的默默奉献、敬业爱岗，光荣属于我们全体气象同仁。”赵虎炯说，“我将一如既往地做好让我无法割舍的气象工作、令我牵肠挂肚的气象服务、给我开心快乐的气象科普。”

心系渔业的气象局局长：守护1700条渔船

岱山县为全国12个海岛县之一，陆地面积326平方千米，海域面积4916平方千米。台风、大风、强对流、海雾等天气不仅影响渔业生产，而且直接威胁渔民的生命财产安全。服务海洋，成为岱山县气象局的重中之重。

岱山县气象局守护着近1700条渔船、2万多渔民。每天一上班，赵虎炯就查看天气形势图、打开船舶定位系统——这是他坚持了30多年的固定动作。“一条船上有十几个渔民，就是十几户家庭呀。”赵虎炯说，“这是我最揪心的，也是我最倾注心血的。我们是365天全天候提供气象服务。”

海上常有雾气，岛屿在飘雾的海面上总是显得朦朦胧胧，岱山岛也被称为“蓬莱仙岛”。海雾带来了美感，但也给气象人带来了预报的难度。

海风吹来，海鸥飞过，船顶的测风仪器旋转着。赵虎炯举着望远镜，望向远方的自动气象站。风呼呼地吹，吹起他短短的头发。他个子并不高，但举着望远镜的背影看上去格外高大——他在海岛气象自动站巡查，每个季度必须来一次。“渔业对气象依赖程度高，需要保护探测环境。”赵虎炯说。

海浪让船只高低起伏，浪涌将船底轻轻举起又轻轻放下。大家都有些头晕，稍微有些不舒服的赵虎炯把晕船药让给其他人。“我也晕船，但慢慢地习惯了，再大的风浪也要过来。”赵虎炯说。

一些自动气象站坐落在无人岛礁上。这些荒岛小礁没有码头，只能租小船过去，而且必须在潮水合适的时候，找时机“跳”上岛。

10 年来，全县布设的各类海岛自动站从 13 个增至 59 个，实现了所有乡镇、重要岛屿、主要港口码头、海洋经济产业功能区全覆盖，岱山的气象监测更加精密、预报服务的基础也更为坚实。

赵虎炯（左一）在码头向渔民进行气象科普（摄影：赵亮）

2021 年 4 月 30 日，江苏沿海出现大范围强雷暴大风天气。此时，恰逢伏休期前夜，岱山的渔船密集从江苏沿海返航，返回岱山。岱山县气象局联手海洋与渔业部门，使用天气雷达加密监测及其北斗卫星船舶定位系统推行实时数据共享，帮助近千艘海上渔船“抢跑”雷雨大风，最终得以全部安全归港。

“舟山近海渔场预计 明晚东北到北风 9 级，下半夜起 10 级，风浪 5~6 级，请海上船只注意及时就近回港避风……”每次大风来临前，县气象局借助北斗渔业通信系统向全县各渔业村社和海上 406 位渔船编组长发送服务提醒。联合县海事处通过浙江省海事局的“海上智控平台”发布海上大风预警和避险提醒，将气象预警覆盖到总面积达 4916 平方千米的岱山海域所有外地商渔船。

当台风预计将要影响各渔场时，在海上作业生产的渔船就要准备回港避风了。

随着气象科技能力的不断提升，近年来，“岱山群众渔业避风渔港风力实时监测查询系统”“岱山县渔船精密智控气象服务系统”相继研发，实时监测、预警能力得到进一步提升。“预警就是要早、准、快、广、实。”赵虎炯说，“我们就在基层第一线，离渔民最近。”

此外，选择避风地点也是有技术的。岱山县气象局制作发布“岱山避风渔港风力预报三色图”，提高了渔船避风的安全性。

就算是经验丰富的“船老大”，遇到危险天气，也会感到紧张。赵虎炯感受到了这份紧张，带领同事们制作了“岱山县休闲渔业海上船只应急撤离线路图”。这份线路图，标明了每个位置可能受到的天气影响，比如台风、大雾、雷电、暴雨、大风；图中每个区域则画出应急避风锚地，并标出应急避风路线，指引船只在20分钟内安全撤离。

当风险来临，有时有的“船老大”仍然不愿意撤离。赵虎炯配合相关部门做工作，找到了“船老大”的家属，苦口婆心地劝说“安全第一”，动员“船老大”家人出面招呼——这一招很管用。船老大松口：“晚上一定回来。”善作善为，是赵虎炯做事的特点，既真诚，又接地气。

“船老大”可以在休渔期休息，但是赵虎炯他们不能。在休渔期，渔船停靠在港口，渔民修理船只、修补渔网。“进出渔港要关注大风、大雾，台风天要注意转

赵虎炯（右）登船向休闲渔船船老大讲授海上强对流天气防御知识（摄影：郑志跃）

进渔港上船头向渔民开展党的二十大精神宣讲（摄影：郑志跃）

港避风，渔业后勤要关注高温、大风、雷电。”“船老大”王波说。“岱山渔业气象服务党员线上工作室”设立起来，开展渔业后勤生产露天作业和渔港经济气象提醒服务，为渔服务实现了从渔场、渔港到岸上的全覆盖。

曾任乡镇渔办主任的气象协理员王建军也是赵虎炯的老友。作为气象协理员，他也感受到了气象工作的艰辛、困难。

每当台风来袭，坚守一线的王建军总是打电话问赵虎炯：“风什么时候过去？我累死了。”

“兄弟，再坚持坚持，我也在坚持。”电话那头的赵虎炯说。

渔民儿子的气象局局长：一手抓安全　一手保钱袋

随着海洋经济不断发展，休闲渔业成为新兴产业，气象服务也更加精细。

几年前，“船老大”王波从传统渔民改行做休闲渔业。他有两艘船，带着游客去海上捕鱼，成为一家人的经济支柱。然而，“7 级以上风力不能起航”的规定，让他的适航天数大大减少。船空着，也意味着赚不到钱。

带队下海开展休闲渔业海上气象灾害风险评估普查（摄影：赵亮）

渔民的经济收入也牵动着赵虎炯的心。当时，判断是否能开航的“风力”预报是依据县气象局每天早上公布的公众预报。但是，不同海区风力并不相同，一份预报难以代表全部海区情况。赵虎炯决心将气象服务做得更加精细：预报不同区域的风力，在安全的前提下，找出适合航运的区域。

于是，岱山县气象局研制发布了全国首个《休闲渔业气象风险等级》地方标准。

带领乡镇气象协理员登大峧山岛巡视大峧山海岛自动站探测环境保护（摄影：赵亮）

王波拿出手机，展示岱山县气象台发给他的短信——“岱山县气象台2024年6月12日07时发布休闲渔业专项精细化风力预报：A、B、C、E、F、G、H区，今天东到东南风5~6级。本次预报时效至今天18时。”王波又打开“岱山气象”微信公众号，查看县气象台发布的当天休闲渔业分海区精细化风力预报。

全县休闲渔业从2023年起将每年营运时间由原来的7个月延长到12个月。

“保安全、促发展。”在赵虎炯心里，安全总是第一位的。岱山县气象局推出“休闲渔业”全链条气象综合风险预警服务，开展突发强天气监测预警。

如果遇到天气过程，操心的赵虎炯担忧“船老大”看不到短信，还总是要再打电话提醒。

王波对此印象深刻：有一次，他带团在海上小岛旅游，赵虎炯给他打电话，告诉他强对流天气即将到来，让王波在小岛等待，晚点再起航。“雷雨来得快，结束得也快，我收到气象局关于强对流天气的通知，就不开船了。”王波说，“气象部门提前预警，安全系数大大提升。”

在安全的前提下，一年增加了100天适航天数，让王波的收入增长起来。“赵局长真的非常有担当。”王波非常感谢赵虎炯和同事们的付出。“他们真的很辛苦。他们的担当，也意味着他们的工作更辛苦了，但我也希望他们再辛苦一些，精细化预报才能越做越精细。”王波非常感恩精细化预报带来的实实在在的经济收益。

作为渔民的儿子，赵虎炯对渔民很有感情，也很了解渔民，这让他的气象服务离渔民的真正需要更近了。

“先拜师，后服务”“先拜师，后授艺”是赵虎炯的理念。赵虎炯认为，渔民们常常和天气打交道，有自己的经验，所以要先向渔民们学习。“六七月里吹北风，一两天内有台风”“东风海底淘，西风海面刨”……当地人根据天气情况总结了不少气象谚语，总结了大风来临的规律、潮水的规律，赵虎炯把这些内容收集起来，也教给单位的“小年轻们”。赵虎炯认为，年轻人虽然懂得理论，但要避免闭门造车、纸上谈兵。“不能想当然，不然百姓不欢迎。”赵虎炯说。

带领岱山红帆气象志愿先锋队走进鱼山国际绿色石化基地送科普读物到企业（摄影：于梦颖）

赵虎炯带领气象局里的年轻人向海岛渔业领域的专家和渔村智者、长者拜师，“懂渔事、知渔情”“因地制宜、切合实际”，做好渔业服务的“气象好保姆”。于是，“小年轻们”经常到港口、上岛屿，实地考察，了解服务需求、预报难点。

现在，一些渔船上安装了六要素气象站，能监测温度、湿度、风速、风向、能见度、雨量，使得海洋气象监测数据更加广泛。赵虎炯对海洋监测有独到的见解。他认为，带有自动站的渔船就像是草原上的牧民，在更广阔的天地里流动监测气象数据。

岱山县衢山镇田涂村退休老渔民、全国劳动模范乐从明说：“岱山气象局急渔民所急，解渔民所盼，是阿拉渔民的贴心人！”

离基层最近的气象局局长：敞开大门办气象

县气象局的工作范围很广，包括观测、预报、预警、服务……打交道的人也很多，涉及各行各业，有渔民、农民、企业家，也有地方党政部门和兄弟部门工作人员……

有一次，有农民打电话来询问枇杷受到寒潮影响的问题。小年轻们耐心回答，态度很好，却有问题答不上来，“要不您问问农林局？”这句话，正好被赵虎炯听到了。

“不要让打电话来的人有遗憾。”赵虎炯说，“要做个有心人。”

每天早上06时，赵虎炯就来到气象局，浇水、施肥、除草……他小小的个子，娴熟的动作，与这片小小的花园、菜园融为一体。

积极做好传帮带（摄影：杨波）

在赵虎炯的影响下，单位里的年轻人也跟着种菜养花，帮忙浇水施肥。这让他们认识了各种作物，在回答农民问题时也更加得心应手。“如果大学生分不清韭菜和小麦，气象为农服务就总会差一点、有距离。”赵虎炯说。有一次，岱山县气象局副局长胡巧儿与农民谈起蔬菜种植，“大婶，这个菜我认识，我们局长也种了，您种菜比他种得专业多了。”农民大婶乐得呵呵笑。赵虎炯听了，别提有多骄傲，他觉得有成长的气象服务真的离农民近了。

在村里，大家不喊他“局长”，总亲切地喊“阿拉气象书记”。“阿拉”在当地方言中是“我们”的意思，村民们也是把赵虎炯真正当成了家里人。

“我很高兴，能为乡村振兴做点贡献。”赵虎炯说。

“我很支持他，因为我生于农民家庭，知道气象工作的重要，天气预报准了就是做好事。”赵虎炯的妻子金海芬说。

在海岛，山海相间处，虽然美丽，但是台风容易引起海水倒灌，引发滑坡、

泥石流等次生灾害，水库、山塘、海塘都是关注的重点。

王建军对岱山县气象局墙上的文字印象深刻，“天气预报虽然做不到 100% 的准确，但是要付出 100% 的努力。”王建军谈到，虽然赵虎炯有时候觉得工作很辛苦，但他一直尽力把这个工作做好，“因为是为老百姓减少损失的。”

刚刚进入气象行业，赵虎炯从观测做起。随着经济社会的发展，人们生活水平的提高，岱山县气象局服务的领域越来越宽广。

原本，来往岱山县需要坐船。2021 年 12 月，随着舟岱大桥的通车，岱山告别了离岛时代，交通方便了很多。保障跨海大桥的通行就成为岱山县气象局的新课题。

作为海岛，岱山容易起雾，尤其是多局地性团雾。有时候东边一片晴朗，西边却起了浓雾。山海间，雾随处可见，这都是预报的难点，需要气象局不断的努力。在上级部门和当地政府的支持下，赵虎炯带领团队推进自动观测站网建设，逐步破解监测预报难点；自主研发并上线运行“岱山县场景化跨海大桥气象防灾减灾系统”，为陆海交通提供气象保障。

岱山县鱼山岛上建起了舟山国际绿色石化基地，经济发展起来了。但是大雾、大风都影响轮船进出港口。石化企业最担心雷电，这也是预报的重点。“压力山大呀！”赵虎炯说。

赵虎炯摸索出了企业的服务模式，“你点单，我服务；不点单，我推送”——这源自于他有一次去饭店吃饭时的体会。他认为，要努力做好企业服务的“气象店小二”。

刚开始，北方来的石化企业员工在岱山不适应海岛气候，容易感冒。于是赵虎炯就乘船登岛去开气象科普夜课。他给大家仔细讲解岱山的气候，穿衣的要点：虽然在南方，但是冬天湿冷更加寒冷，需要多添衣服。

2019 年 8 月 8 日至 10 日，超强台风“利奇马”严重影响舟山，恰逢舟山国际绿色石化基地建设关键期。当时正值赶工紧要关头，岛上共有 6 万余人。要不要提早停工？6 万多人是在岛上的临时建筑里避风，还是离岛避风？全县有千艘渔船何时撤离渔场？到哪里去避风？

这些难题抛给了赵虎炯。赵虎炯实时关注“利奇马”动态，调研岛上防风能力，详细了解全县船只动态。随后，提出“所有海上船只必须在 8 日 09 时之前进港避风，岛上建设工人在台风来临前全部撤离”的建议。岱山县政府据此成功指挥千艘渔船和鱼山岛上施工人员与台风抢跑，进行海上大撤离。

岱山县修造船业发达，海洋工程产业链丰富。但是高温会影响企业生产和工人安全。岱山县气象局建成了全国首个海工环境高温监测站，监测要素包括混凝土下垫面温度、钢板（模拟船舱甲板）下垫面温度和混凝土下垫面 1.5 米处的近地面气温。开发完成“岱山海工环境高温专项气象服务平台”，开展海工企业环境高温监测预报预警服务，也为相关部门开展安全生产依法监管提供了数据支撑。

“胸怀感恩之情，用心用情做好气象服务。”赵虎炯说。

做馆长的气象局局长：走出馆门搞科普

赵虎炯认为，气象防灾必须科普先行。他的另一个身份是中国台风博物馆馆长。岱山县的拷门大坝，被称为“浙江防台第一坝”，中国台风博物馆就坐落于此。

台风来袭，汹涌的潮水拍打着大坝，甚至将一块 2 吨重的巨石冲到了博物馆门口。赵虎炯对前来参观的游客说，“2 吨重的石头也能被推这么远，台风来临时一定要撤离、避险。”

原本，这块石头是要被铲车铲走的，可是赵虎炯舍不得花这个钱。他灵机一动，将石头赋予了“生命”。他将这块石头称为“涌石”，并写了个脚本，做了一个短片——“涌石”原本在海洋中，被海浪冲到岸边，又被大浪冲到岸上。赵虎炯突然想到了自己，这块石头就像他一样，以岱山为家，在这里防台风、抗台风。他借助这块石头警示台风的威力，也借助这块石头致敬守护家园的人。现在，很多来台风博物馆参观的游客都与这块“涌石”合影。

在台风博物馆的二楼，有一排防爆玻璃。当海浪涌上来，游客可以在这个位置感受大自然的威力。“敬畏自然，敬畏生命。”赵虎炯解释这么做的意义。

赵虎炯很喜欢来台风博物馆担任讲解员。他对所有展品如数家珍：相风铜乌、手摇计算机、风速指示器……这是因为，每一件展品都是他费尽心思到处收集来的。

时间退回到 2003 年。2003 年，中国台风博物馆开馆，需要一个馆长，组织上安排赵虎炯做馆长。赵虎炯对于这个任务很陌生，甚至感到有些无奈。那时候，赵虎炯没有接触过科普，台风博物馆里也没有什么展品。赵虎炯有些苦恼，他尝试用展板的形式展示台风专业知识。后来他发现，内容太专业了，离老百姓还是有些距离。

他每天苦思冥想：如何办好这个博物馆呢?

为了收集台风博物馆可以展现的资料、藏品，赵虎炯三天两头进村里，找老人们唠家常，想找出点有价值的线索来。可是，忙碌了好几个月，始终没有什么进展。

一天早上，赵虎炯在小吃店吃早点，又和一个阿婆聊了起来。阿婆告诉赵虎炯，每逢有台风来，她娘家的后山岗顶上就会升起一个很大的圆球。赵虎炯兴奋极了，觉得终于收集到一丝线索，他便顺藤摸瓜去考证。

2022 年 5 月 18 日，赵虎炯在中国台风博物馆参加中央电视台新闻频道世界博物馆日主题直播（摄影：于梦颖）

几经周折，赵虎炯终于找到了几位知情人，并到位于南京的中国第二历史档案馆查询史料。原来，我国暴风警报风球始于19世纪80年代。1884年，法国天主教会创建的上海徐家汇天文台，在“洋泾浜”外滩（今延安东路外滩）设立了气象警报信号台，在黄浦江畔的楼顶上竖立一根木桅杆，悬挂暴风警报信号风球。

赵虎炯找到民间老蔑竹匠，打造复原了一套7个表示不同风力等级和影响时间的风球模型。于是，封尘数十年的我国“暴风警报站”史料和“暴风警报风球”在中国台风博物馆重见天日，吸引了相关专家的关注。目前，这套风球悬挂在台风博物馆门口。赵虎炯很骄傲地向大家展示。

2003年，赵虎炯刚开始从事科普的那一年，也是他女儿出生的一年。家里需要人，他的妻子为了支持他的工作，不再继续从事一线的语文教学。

做科普老师的气象局局长：科普从娃娃抓起

赵虎炯真正爱上了科普。当科普变成爱好，他的思路打开了，科普点子经常迸发出来。“科普就是要点到为止，让人意犹未尽”“科普就是要换位思考”“科普一定要拉近距离”……

赵虎炯觉得，要敞开大门办气象，要走出馆门搞科普，要宣传气象文化。从科普起步，关注海洋多元文化，不仅面向学生，也面向老师。

“我们局长对科普高度热情。”气象局的年轻人们这么说。据说，有段时间，赵虎炯对科普的热情甚至有点痴迷，着迷到令周围人都不太理解。

“我们整夜整夜聊科普的点子，都不睡觉了。”赵虎炯谈起与岱山县秀山小学科学老师邱良川的往事。

岱山县秀山小学坐落在秀山乡秀北村。这所乡村学校很小，只有20名老师，200多名学生，但是气象科普远近闻名：已经成为全国气象科普教育基地。《校园气象站之歌》、相声、三句半，AR、VR、电子翻书，各式各样的科普形式都能在秀山小学找到。

在秀山小学的操场旁边，有一个气象观测站。在这里，孩子们开展着人工气象观测。温度、降水量……孩子们将数据记录下来——一本本厚厚的观测本不断延续。

“让孩子们动手观测，培养兴趣和好奇心。”赵虎炯说，“从课程入手，将气象科普融入课堂，让孩子喜欢气象、爱上气象。”

在秀山岛开展志愿服务（摄影：于梦颖）

秀山小学的教导主任叶老师介绍，年复一年，赵虎炯每个学期的第一周，都会来秀山小学，给孩子们讲解气象知识。“有的孩子就这样爱上了气象，没准会成为未来的气象工作者。”叶老师说。

“科普就是一点点来。”赵虎炯介绍，刚开始，秀山小学建起了气象观测站，后来又建起了气象科普教室，未来希望发展校内外的游学、研学。

赵虎炯认为，科普一定要利用孩子们的好奇心。当台风博物馆需要新的创意的时候，赵虎炯在全县举办了小学生气象科普写作大赛。孩子们天马行空的想象给了他新的灵感。

“一个人如果对一件事有兴趣，就会投入进去，做得更深、更实、更细。孩子们对气象是如此，我对科普也是一样。”赵虎炯说。

2022 年“世界气象日”的主题是“早预警、早行动”。岱山县气象局的年轻人们犯了难，这要做什么活动呢？这个难题交给了赵虎炯，他马上想到了预警信号迷你高尔夫的点子。

于是，在岱山县气象局草坪上，插上气象灾害预警信号的牌子，成为预警信号迷你高尔夫球场。这可是孩子们的乐园——气象局附近有个幼儿园，小朋友们常常来，玩的同时孩子们竞逐一知晓了气象灾害预警信号。“科普就是要在玩中学。”这是赵虎炯的思路。

赵虎炯带着县气象局的年轻人说着群众的话，做的是气象科普宣传，希望科普宣传更接地气，更有效果，更受欢迎。县气象局的年轻人们去老年大学科普“气候与长寿”，去给“船老大”的家属科普“天气与养颜”。他们的科普通俗易懂，受到了老百姓的欢迎。有一次，岱山县气象局在秀东村里开展科普宣传，村民们拿来了自己做的青团，“给阿拉气象局的大学生吃”。

“岱山县气象局干部职工走进渔村搞科普、走上船头搞服务，真正为群众渔业保安全促生产。”岱山县高亭镇闸口一村原村支书赵行法评价道。

作为“大家长”的气象局局长：传承气象优良传统、发扬优良作风

6月11日晚上七点半，几套观测站的铁塔设备运进岱山县气象局。通往气象局的道路很窄，大货车进不来。赵虎炯和同事们就一起把设备从大货车上运下来，通过叉车一点点运进气象局。“我就是很操心，放心不下，上上下下总有些安全隐患，我得盯着。”赵虎炯说。

岱山县气象局的院子小小的，只有两幢三层的楼房。虽然地方小，却美丽得像一座小小的花园。远处是郁郁葱葱的山，近处是绿油油的草——在雨后，显得更加苍翠欲滴。紫色的喇叭花成片成片，种了十几年的桂花树笔直笔直，粗粗的紫藤缠绕着房屋。

沿着台阶向上，小小的山坡上，种着蓝莓、桃子、枇杷……赵虎炯将梨子套上袋子，将蓝莓摘下来拿回办公室，平均分成11份，分给所有同事。

岱山县气象局只有11个人。11个人里，7个人是“90后”，还有一个“00后”。“60后”的赵虎炯带着这帮年轻人，就像一个大家长。和一群朝气蓬勃、充满激情和冲劲，敬业爱岗、创业创新的年轻人在一起工作，他感到很庆幸，“我的幸福感爆棚。”

岱山县气象局虽然人少，但是人与人之间非常亲密，大家都主动帮助。一看到天气不好，大家就主动来单位值班。胡巧儿说：“这就是榜样的力量，赵局长这样，我们也觉得应该这样。”

赵虎炯不喜欢坐自己的办公室，而喜欢待在值班平台。“这样年轻人有什么，直接问我就行了，不然一层层上来，总是有点距离。”赵虎炯说。有时候，赵虎炯假装漫不经心地给年轻人指导一下，“这样他们不会太有压力。”

在办公业务楼旁边的一幢楼是单位员工宿舍。“有天气过程，大家端着饭碗就来单位了，他们很辛苦。”赵虎炯非常体谅这帮“小孩”，就像对待家人一样。岱山县气象局有个小小的食堂。心细的赵虎炯让阿姨荤素搭配，三菜一汤，配上水果。食堂有一个圆桌，还有一些条桌。大家都喜欢坐圆桌，可以一起聊聊工作，聊聊生活。

那一天，胡巧儿对自己的预报不太满意，一边吃饭，一边闷闷不乐，不断反思，不断自责。赵虎炯安慰她，“过去的事情，不要太放在心上，明天又是新的一天。重要的是要做好复盘，吸取经验。”赵虎炯不断地鼓励她。胡巧儿吃完晚饭，继续投入紧张的工作。

11 个人，业务领域包括海上和陆地，港口和大桥，渔农和企业……“有时候我也感觉到很忙，很苦，感受到了压力，但是任务放在面前，就只能坦然接受。”赵虎炯说。

赵虎炯欣赏年轻人的创造力、想象力，鼓励年轻人们在新领域不断探索，“年轻人有很多想法，我鼓励他们先去调研，然后做，在做的过程中再修正、复盘、完善。”赵虎炯说。

还有 4 年，赵虎炯就要退休了。现在他思虑最多的是做好“传帮带推”，让年轻人更快成长、进步。他毫无保留地把基层气象工作和社会气象服务的经验传授给年轻人，带着他们深入基层各个领域调查调研、拜师求艺，帮助他们提高服务水平。

“我将带着全局干部职工以敢想、善作、能为来用力做好气象工作。”赵虎炯说。

坚守初心的气象局局长：专注为人民服务

赵虎炯出生于海岛一个世代捕鱼的渔民家庭，对渔民的情感深入血液。在岱山，每年 7 级及以上大风超过 200 天。自古以来，渔业、渔村、渔民都绕不开“气象”，对天气预测预报有着极高的依赖度。

1959 年 4 月 11 日，位于江苏沿海的吕泗渔场发生了历史上罕见的低压大风特大海难事故。每当提及这次海难，赵虎炯总是感到非常心痛，他的两位叔祖父不幸遇难。直到现在，他对海上大风、台风等天气格外敏感。这场海难一直影响着他，对气象工作不敢有丝毫懈怠。

在大自然面前，人很渺小。可以这样说，赵虎炯就是从小听着“哭声”长大的。赵虎炯的父亲生前曾长期从事渔村的后方管理工作。在赵虎炯小时候，家里还没有电话，每当遇台风或冷空气大风过后那几天的深夜，只要听到敲门敲窗声和门外急促的叫唤声，多半又是村里渔船出事故了。“宁听骂声，不听哭声。”赵虎炯对此感触很深，“渔民非常渴望精准预报。”

“气象预报是可以救渔民生命的，做气象就是做良心活。”“做人要做好人，做事要做好事。”赵虎炯听着父亲的谆谆嘱咐，进入了气象行业。

进入气象行业，为人民服务，既承接了父亲的精神与期许，又是赵虎炯立业的初心。“天气预报预警，关系到渔民生死安危。”赵虎炯说，“渔区的干部群众把我们视作自己人，我们也把广大渔民当成亲人来关心来服务。”

2024 年，记者采访赵虎炯（摄影：简菊芳）

“船老大”王波说，“赵虎炯的父亲也是渔民，他与我们渔民心连心。”

1995 年，赵虎炯的父亲，时任岱山县高亭镇闸口一村党支部书记的赵汉清，被国务院表彰为全国劳动模范；27 年后，赵虎炯被中共中央、国务院表彰为全国“人民满意的公务员”。

这些年来，一看到挂在自己家中墙上的那张全国劳模和先进工作者合影照片时，赵虎炯心中既有自豪感，也有压力感，生怕自己给父亲抹黑。

“我尽管不可能达到像父亲这样的高度，但总可以跟随他的脚步，把群众放在心中，诚恳为人、踏实做事。现在我可以告慰父亲的是，我做到了循着他的精神走，踩着他的足迹走。”赵虎炯说。

保海岛安宁、护岱海安澜，这是赵虎炯的初心使命。“人民至上、生命至上”，赵虎炯将气象事业融入自己的人生。他用力地做“气象工作”，不怕千辛万苦，千思万虑地去想，千方百计地去做；他用情地做“气象服务”，胸怀感恩社会各界、人民群众对气象部门的支持、理解、包容之情去做气象服务；他用心地做“气象科普”，以“有心、热心、专心、细心、痴心”这“五心”做好气象科普。

赵虎炯先后荣获“全国气象科普先进工作者”“全省气象部门优秀共产党员”“全省优秀县气象局局长”称号，被中国气象局记公务员个人二等功。在自己成长的同时，他也见证了气象事业高质量发展。

赵虎炯在服务他人的时候，自己也感到很快乐，“做好气象工作，让人民满意，是我的职责使命，是我的人生职责。我将践行我的初衷，一如既往，做好气象为民服务。”

对于未来，赵虎炯的态度是一如既往，仍将“攀高峰、勇争先”。“在美丽的岱山，我从事我喜欢的气象工作、气象事业，怎么能不高兴呢？假如有来生，我下辈子还是会选择气象工作。”赵虎炯说。

（简菊芳对本文有贡献）

杨万基

杨万基，男，汉族，1963年8月出生，中共党员，广东省台山市上川岛气象站原站长。自18岁起，他扎根上川岛气象站，密切关注风云变幻，准确记录阴晴冷暖。他以站为家，坚守三类艰苦气象台站42年，克服了交通不便、补给缺乏、队伍减少等困难，先后获评中国气象局质量优秀测报员、“五邑廉洁清风”代表人物、江门好人、广东好人、中国好人、最美奋斗者等称号。

杨万基

片纸支笔可告百姓风雨

《中国气象报》记者　刘倩

碧海蓝天，云飞浪卷。

一朝上岛，一生守护。黝黑泛红的肤色，是长年烈日炙烤的印记；果敢坚毅的眼神，是海风日夜锤炼的见证；风霜镌刻的皱纹，是岁月对守岛人的洗礼。

42 年，从风华正茂到花甲之年，从气象“小白”到“天气通”，从“追风人”到“最美奋斗者”，杨万基在单调的气象观测生涯中坚守着自己“方丈之地能测万千气象、片纸支笔可告百姓风雨”的人生信念，按时保质精准测报，风雨无阻看云识天气，将韶华绘制于上川岛的每一寸风光之中。

时代的浪潮不断地向前涌进，作为大潮中实干担当、忠诚坚守、赤诚奉献的“浪花一朵”，杨万基的故事在这里徐徐展开。

乘风而起向海生

俯下身、沉下心，从乡土中汲取源源不断的成长力量

由于海岛居民坐船半价，杨万基拿着他的半票，等候在广东台山山咀港，凝视着这片熟悉而深邃的海域，远眺着那座若隐若现的小岛。

矗立在南海北部近陆海域的上川岛，沙滩、高照的艳阳和凝固的云……有着“南海碧波出芙蓉”的原始美，也形成了独特的海岛气候：每年 6 级以上大风日数平均达 92 天、8 级以上大风日数超 50 天，暴雨、雷电多发，每年至少受三到四个台风影响。

随着汽笛声响起，船只破浪前行，海面翻涌起白色的浪花。他提醒同行人，要坐船尾，不要坐船头。这段船程，他不知走了多少趟。

过去，每天只有一班船往返，发船、登岛的班次、时间全靠潮汐决定：海水退潮时无法靠岸，要在海上颠簸近四五个小时，极端情况下甚至是一天；有时船好不容易来了，但风浪太大靠不上岸，只能任它随波逐流。

历经半小时船程，到达距陆地仅有 9.8 海里（约 18 千米）的上川岛。刚退休一年的杨万基再次登岛，感叹着时光变迁，思绪也飘向那遥远而又清晰的记忆——

他这辈子跟海岛结缘。1963 年 8 月，杨万基生于阳江市海陵岛，6 岁跟随父母来到上川岛，开始了与海浪共舞、与渔歌相伴的童年时光。

初入上川岛，眼前一片荒芜。水、路、电、通信“四不通”，人烟稀少。岛上更是仅有一条黄泥路，晴天沙、雨天泥。

而每年的七八月，台风是屡见不鲜的。记忆虽有些模糊，但还存有对台风威力的印象，渔船吹翻是常见的。

1957年，为适应社会主义改造，特别是农业合作化进程需要，气象部门提出“以生产服务为纲，以农业服务为重点”的工作方针。上川岛气象站建成，在广东属三类艰苦气象站。

彼时海岛师资大都有限，杨万基前往台山市端芬中学读书。高中毕业恰逢上川岛气象站招聘，刚满18岁的他，迎来了人生的重要抉择——走出去，还是留下来？

也许，对乡土的眷恋是每个人内心深处最柔软的情愫。杨万基选择回到那片熟悉而又充满挑战的土地。

再回岛上，没有太大变化，依旧是“蛇多马路少，台风时常扰。飞鸟不做窝，人们不上岛”。

入职第一天，杨万基给自己设定了一个目标：“当一名合格的气象工作者，做一名群众满意、领导放心的气象员。”

然而次日，他在生活中就遭遇了一个始料未及的小插曲：澡洗到一半，没水了。

岛上没有专门的自来水管网，淡水供应紧张，井水也是咸的，要靠人工修建的水库存储雨水，大家轮流挑水，但仍不够用，洗澡成了靠“天”帮忙的事。而在枯水期，做饭都成了问题。一桶雨水，洗完菜之后还要拿来冲脚、清洁房间。直到2002年，气象站才有了自来水，终于告别了喝咸水的日子。

有时，杨万基也会被迫“洗澡”。年深日久，气象站的几间业务瓦房早已禁不住风雨，一场大风卷落屋顶瓦片，雨水从天而降，他们时常笑称是在“水帘洞”工作。杨万基只能一边撑伞，一边编写报文，一份报文写下来，浑身都湿透了。

遇到台风、暴雨等天气，停电也是常事。到了晚上，更是睡不安生。漫漫长夜，海风呼啸，他生怕旧瓦房会被十几级大风吹倒。

岛上因为天气湿热，蛇鼠也多。“在岛上工作，首要的一条是不怕蛇。”因为他们总能在工作中与蛇不期而遇，有时打开百叶箱，一条蛇正蜷缩着睡觉或伸着头虎视眈眈，有时在前往观测场的必经之路上，冷不防地与一条蛇“狭路相逢”。

因此，这里也积累下不少“生存指南”：到观测场要一路小跑，观测时不能穿凉鞋、短裤，以防被咬伤。

这对于从小在岛上长大的杨万基来说，已是司空见惯的场景。无论是顺手抄起一旁的扫帚，还是果断抓起铁锹，又或是干脆脱下鞋，他总能以最快的方式开始他的“擒蛇”行动。“草花蛇没有毒可以打，但被咬会很痛。”提起这些，杨万基轻描淡写。

与野外的蛇不同，老鼠专挑他们的宿舍活动。黑夜是它们的乐园，每天晚上，刚刚躺下，细碎的密密匝匝的声音便准时响起。老鼠可不是一般的多，多到能“抓着老鼠睡觉”。

岛上的物资常年匮乏，于是，“杨万基们”便拿起锄头、铁锹，学会了种菜、养鸡。

从此，开始了他跟风雨雷电打交道，够“酷”的工作。不过这交道一打就是42年，就成了“苦”差事，很多人不一定熬得住。

写给未来的答案

风云变幻自有规律，学得越深，越能沉浸到气象测报的乐趣中；风调雨顺百姓安康，学得越多，越能感受到气象服务的重要性

与杨万基的对话是从一份测报开始的。

对于气象工作，起初他是一窍不通的。上川岛气象站共三个业务组，一组为观测组，二组为报务组，三组为预报组。

当时，气象观测采用人工观测与人工发报。观测组负责每日定时在气象观测场观测、记录天气现象，订正、输入、发报。报务组头戴耳机，运用电报等上传观测报文。预报组在地面天气图上绘制等温线、等压线，在高空图上绘制等高线、等温线，分析天气形势预测天气……整个流程需要高效配合，快速反应，精准地

杨万基人工观测云状、能见度

2016 年 4 月 7 日，杨万基和同事冒雨观测

杨万基人工观测干、湿球温度

杨万基维护风向、风速设备

将天气信息汇入广东省气象局，海岛的气象资料每一天都会与东南亚进行交换。

杨万基跟着师傅学温度、湿度、气压等概念和仪器读数的含义等基础气象知识，每周接受考核。三个月后，杨万基被分到了观测组，既充满好奇又略显生涩，但他认为，选了这一行就得把它干好。

自此，一支铅笔、一本观测簿，开启了他的观测生涯。

近 30 种形态各异的云类，每一种云都隐含着独特的气象信息，对应着不同的气象编码。百叶箱里摆着温度计、湿度计等要按时记录；雨量桶里刻度瓶收集的雨水便是降水量……这些内容都要在 15 分钟内抄录采集完、在正点后 3 分钟内完成手工编报，每 3 小时一次、每天这样重复观测记录 8 次，遇到台风天要加密至一小时一测报。

记录这些数据，要用规定的 HB 铅笔，如记错了，划一道即可，不允许涂改。一天 24 小时，循环往复。

人工观测的艰难还不止于此。出现暴雨、冰雹、龙卷等恶劣天气，采用不定时发报，要求 10 分钟内编发出重要天气报告，上报上级气象部门。杨万基说，很多时候吃饭都得竖着耳朵，听到雷声，丢下饭碗就往值班室跑。

这时杨万基才清楚，原来天气预报里短短的一段话，需要观测员进行大量繁琐而精细的基础观测，重复相同的步骤，处理成千上万数字与符号。

半年后，杨万基转正了，开始独立值班。01 时至 06 时是夜班，06 时到 15 时是白天班，15 时至第二日 01 时是下午班。气象站是没有休息时间的，大家轮班。生活不规律，有时白天睡觉，有时晚上睡觉。

而观测员的宿舍只有一张床和半张桌子，空间狭小与鸽子笼相似，被大伙称为“白鸽楼”。休息时段通常是相对私密的，但是“梦境”却总被观测员们拿来分享，因为“多梦”是大家共同的“职业病”。工作时精神高度紧张，睡梦中必然念念不忘——在梦里，春秋的雷暴大风、夏天的台风、冬日的冷空气常常是主角，但最怕观测设备坏了、数据写错了、上班迟到了的“噩梦”，常常急得一身汗醒来。

2011 年 7 月 29 日，杨万基在读取降雨量数据（摄影：胥金林）

1982 年 7 月，第 6 号台风“TESS”在台山附近登陆，登陆时中心附近最大风力 11 级。

彼时，站里的气氛紧张而凝重。被这严阵以待的氛围所触动，他开始深深体味，这究竟是一份承载着多大责任的事业？

然而，由于经验尚浅，杨万基并未被安排到一线值班，这让他感到既遗憾又焦急。

夜深人静之时，他辗转反侧。第二天，他鼓足勇气，敲响了站里领导的门。

“虽然我年轻，经验不足，无法独立承担重大值班任务，但我愿意作为最坚实的后盾，协助值副班。”杨万基考虑到风雨交加的夜晚，年纪大的值班员行动不便，他愿意承担前往观测场的任务。

那一夜，观测场成了他第一次与台风正面交锋的前线。

杨万基持手电筒，一次次穿梭在漆黑的夜色中，每一个步骤都小心翼翼，生怕错过任何一个细节。然而，即便他再怎么谨慎，湿滑的台阶还是让他多次跌倒，双腿隐隐作痛，“但我始终咬牙坚持，每一次努力，都是为了及时准确上报台风登陆时的各种数据。”

第一缕晨曦悄然洒落，领导看到他与值班员依然坚守在观测场的身影，以及

杨万基巡查雨量传感器

杨万基人工观测降水量

杨万基巡查采集器设备

被雨水冲垮的台阶。怎么还没下夜班？观测场没有照明，上下台阶受伤了吗？面对大家的询问，他轻描淡写地回应。也是这一夜值守的经历，他体会到责任与担当的重量，也明白了什么是真正的“不怕苦、不怕累”，更学会了如何用行动把这份职责扛起来。

当年年底，表彰大会的名单上赫然出现了杨万基的名字，他被授予“先进个人”称号。

小时候，遇到台风总是居家防范，这是杨万基第一次近距离感受台风，更是一次成长的洗礼，他决心在这里扎下根成长，沉下心奋斗，未来从未像眼前这样清晰。

1983 年 9 月至 1985 年 8 月，杨万基前往广东省气象学校气象专业中专班学习，系统性提升专业知识和业务能力。

回到站里，他又开始日复一日地观测与记录，整理与统计，工作像日出日落一样恒定。

2011 年，杨万基作为“五邑廉洁清风”代表人物作先进事迹报告

“天气不听话，发起脾气来直接关系人民群众的生命和财产安全。”观测必须要准时准确，一个小数点、一个符号都不能错。有一项资料缺报，就永远错过了。同样不能早报、迟报，“不能用 10 时 01 分的情况，来代替 09 时 50 分的情况。”

20 世纪 90 年代，气象站曾有一名测报员缺报了一个时段的数据，被开除了。杨万基翻出上川岛气象站厚厚的气象记录年报表，指着一个个数据说：“这容不得一点马虎，数据都要写进气象历史的。”

因为，每一份恪尽职守，都是写给未来的答案。

他的测报质量先后12次达到连续百班无错情要求，并两次达到连续250班无错情，被中国气象局授予气象观测领域的最高荣誉“质量优秀测报员”称号。

250班，意味着他在3年的观测值班中没有出现一丝差错。凭借过硬的专业素质和出色的工作表现，杨万基于1987年被任命为上川岛气象站副站长。

1995年，他被任命为上川岛气象站站长。这一年6月，他站在鲜红的党旗下，举起右手，握拳宣誓：我志愿加入中国共产党。也是在这一年，报务组和预报组被取消。

上川岛气象站最初地址因地势低、三面环山、不利于气象观测，于1971年搬至新址。地址变了，办公条件没变，还是普通的瓦房。作为站长的杨万基忧心忡忡，想尽办法要改善台站基础设施，保证人员和业务安全。他定下目标：在岛上建一座更加坚固的业务楼。

在他的积极奔走下，上级支持上川岛气象站建起了第三代业务用房，两层的钢筋混凝土结构的楼房，面积约110平方米，虽不大，却让大家免于提心吊胆。但因为岛上空气湿度大、海水咸度大，几年后房屋钢筋开始生锈，出现多处爆裂，遇到下雨天房间还是会渗水。

为了人民！这是杨万基所能理解的最伟大的事业，他正朝着理想的大路奔跑。而这一份事业，在逢雨必漏的值班室，在台风夜里的观测场，在南海这座小岛，生根，发芽。

离台风最近的人

台风是这里的常客。海湾像水滴进烧热的油锅，本应呈长条形整齐的浪涌，变得杂乱不堪，浪头也比平时高了不少

岛上的人常说：“打风了。”这是刮台风的意思。

上川岛位于影响珠江口以西地区西太平洋台风西行路径中的重要位置，是观测西太平洋台风的“第一线”。

作为南海近陆海域监测台风的重要哨点，上川岛的测报数据对判断南海台风走向、是否登陆等至关重要，也是研究我国长期气候演变规律的重要依据。台风期间，在广东省的天气会商中，上川岛气象站的风速、风向、气压等都是预报员重点讨论分析的数据。

时间回到 2008 年 9 月 23 日，台风“黑格比”正面袭击上川岛，阵风达到 16 级，相当于汽车时速 200 千米，这是上川岛有气象记录以来遭遇的最强台风。

伴随着狂风大作，岛上乌黑一片，树木被连根拔起，观测场的不锈钢围栏被吹倒掀翻，办公楼也在狂风中摇晃，窗玻璃被吹碎。

骇人的狂风暴雨中，他们又要去观测了。

杨万基找来比拇指要粗一点的麻绳，一头绑在值班室的铁门上，一头将自己与另外两名观测员捆在一起，三人在暴雨中抱成一团，弯着腰、顶着扑面而来的风，雨水罩在脸上，眼睛睁不开，呼吸都不顺畅，踉踉跄跄地一步步向前挪动。

“从值班室到观测场不到 30 米的路，我们走了十多分钟。”回忆起当时的情形，上川岛气象站副站长梁兴文仍记忆犹新，那场风能把人吹起来，如风筝般。而观测场建在海边，他们随时有可能被吹到海里，但已经顾不了那么多。

一个人打开百叶箱，一个人用雨衣遮挡，另一个人读取并记录气象数据。那晚，杨万基他们三人就这般，每小时一次，连续观测了 8 次。

突然，观测场有一个观测仪表杆被强风吹断。若不及时更换这根观测仪表杆，观测仪表无法正常运转，更无法观测到台风的准确数据。

海岛天气变幻莫测，始终沉着冷静是应对危机的唯一绝招。杨万基立即带领两名观测员，手拉着手艰难地向观测场移动。经过近一个小时的维修，被强风刮倒的仪表杆重新竖起，仪表正常运行，数据恢复正常。

那一刻，他无比心安。

待三人安全回到值班室时，浑身湿透，脸和嘴唇早已被风雨吹打成紫色，四肢不停地打颤，这一幕让在场其他人不禁动容。“谢谢大家关心，快去干自己的工作吧。”杨万基抹了抹脸上的雨水，把鞋拔下来倒掉水，手脚都泡得褶皱发白，再用力拧了拧湿透的衣服。这身衣服根本来不及换，又要准备下个整时的观测。

这件事，杨万基一直不敢告诉妻子杨妙姝。几年后，她从报道中才得知当时有多么惊险，她半天没说话，眼圈不由地红了。

风雨这么大，真的没惧怕过吗？

在上川岛气象站，这样的故事几乎每年都在上演。遇到台风，总是别人撤，他们留。杨万基早习以为常，数据不能缺，观测不能停。“即使天上下刀子我们也要按时观测，因为预报要的是及时准确，早测、迟测、误报、缺报，都是大忌。”

在受台风“黑格比”影响的36小时里，上川岛气象站6名观测员每人休息不足3小时。由于观测上报数据准确及时，为广东防御台风做出了突出贡献，上川岛气象站被省气象局通报表扬，杨万基被评为省气象局防御台风“黑格比”气象服务先进个人。

杨万基正在检查生物舒适度测量仪

“离台风最近的人”，在此后被叫响。

2023年，台风“小犬”的路径变化复杂，“走位非常奇怪，太折磨人了”。随着台风逐渐靠近陆地，协同观测手段可实时获取台风相关资料。但近10年来出现的频次较之前明显更高，该如何快速准确地判断其当前强度及未来发展趋势，这些台站海量的监测数据仍是重要参考依据，等待他们的也许会是更艰巨的任务。

当然，惊心动魄是偶发事件，服务人民才是生活常态。

2006 年 3 月初，江门市海事局等部门希望上川岛气象站每天能为山咀码头至上川、下川岛两条航线提供定点、定时的海域天气预报。

一旦上川岛风速超过 8 级，轮渡就必须停航。停不停航气象观测数据说了算。气象站便每天额外加密观测 10 次，发布定点海域气象信息 10 次。仅在当年下半年，台山市川岛船务公司根据川岛海域短时天气预报，减少不必要的停航 11 天，多运送上下海岛的旅客 7000 多人次，为公司多增加收入 60 多万元。

旭日缓缓从海平线升起，夜色还未完全褪去，一阵急切的电话铃骤然响起。原来自 2018 年 7 月上旬起，上川岛连续多日出现 8 级以上的大风天气，航线停运，造成 7000 多名旅客滞留。接到通知，杨万基于 15 日下午与江门市气象台加密会商，并保持与山咀港务局沟通，逐小时发布海域大风天气预报，让游客及时掌握有关信息。

16 日下午，菲律宾以东洋面热带低压生成，天气形势异常复杂。贸然开船，后果不堪设想。如何既保证安全，又让滞留旅客尽早离岛？

每到这时，杨万基的目光就变得犀利起来，眉头紧皱地凝视着空中飘过的每一片云。他留在值班室，时刻关注着风向风速的变化，17 日凌晨，他与市气象台联络，预判当天早晨到中午风势减弱，为复航的“窗口期”。

这一夜，值班室里的电话声此起彼伏。17 日 07 时，上川岛航线复航，运送第一班旅客出岛。12 时，最后一班船顺利抵达山咀港，滞留旅客全部顺利离岛，杨万基悬了两天的心终于放下。

以平凡，致不凡

心底无私、脚下无阻，守望过清冷的寒月也沐浴过热烈的暖阳，经历过风雨也看见过彩虹，他将“有期限的任务”变成了“终生的使命”，在扎根基层、服务

“习惯了。”当记者问起守岛的岁月，杨万基总是说得云淡风轻。旁人哪知道这背后有多少艰辛。

刚工作时，他每月领32.8元的工资，却整天乐呵呵。在守岛人的心里，从来不是以报酬的多少来衡量一件事情的意义。他们自有精神上的追求。

在杨万基任副站长期间，广东正值改革开放“政府部门开门办公司、公职人员经商当经理”的特定时期。人员流动“大潮”让气象站人心浮动。他的叔叔甚至在外面帮他物色了一份不错的工作。是继续留在海岛上忍受风吹日晒，还是选择到外面闯荡一番。

烈日晒，台风狂，暴雨多。苦点没什么，再苦的地方，总要有人去。“气象关系到千家万户，上川岛气象站就像镇守南海的气象堡垒，是我的战斗阵地，也是我的‘第二个家’。我的根就在这里！”杨万基选择留下。

还有人怂恿老杨，一起“下海”吧。杨万基笑眯眯地回答，我本事不大，这里最适合我。当初同一批进来的同事做回了渔民，只有他留下了。

曾有一段时间，上川岛旅游区刮起一阵“赌博风”。在杨万基的以身示范下，气象站全体工作人员顶住了不良生活作风的侵袭，无一人违法乱纪。

杨万基手把手指导新入职同事检修气象监测装备（摄影：胥金林）

上川岛气象站从原有的18名干部职工，到20世纪80年代末仅剩4人，值班安排都捉襟见肘。这4人要完成10多个人的工作任务，困难可想而知，实习大学生在此体验一番后，纷纷望而却步。

2019 年 8 月 9 日，杨万基带领站里同事一起学习中央有关重要会议精神

这时，杨万基想到了新婚妻子杨妙姝，并动员她加入。从分担简单的工作任务开始，气象成了夫妻俩共同的事业。自此，夫妻俩以岛为家，守护着气象站，也守护着彼此。

1993 年，他们的儿子杨嘉辉出生了，变成了一家三口人守岛。从小在气象站长大的杨嘉辉，对观测仪器充满好奇，但父母怕他误触仪器，影响观测数据的准确性，再加上观测场附近有蛇出没，严禁他靠近。

还有一名观测员也动员妻子来岛工作。此后近 20 年，这 6 人每天 24 小时轮流值班，承担着 8 次观测、8 次发报和特殊时期每小时台风报、重要天气报的繁重任务。同时，杨万基从建立健全制度开始，从提高业务能力和技术水平入手，严格要求杨妙姝参加业务训练，还在站里开展岗位练兵活动。

盼星星、盼月亮，2007 年 11 月，他们终于盼来了一名新职员。杨万基特地从镇上买了两挂大鞭炮在站台鸣放，欢迎新职员的到来，并庆祝自己任职 20 年以来第一次见到新同事。

由于上川岛没有高中，2011 年，杨妙姝陪着儿子到台山市区读书了。周末不忙时，他才坐船去市区和妻儿团聚一下。市气象局领导问老杨，想不想调到市区工作？“算了吧，我要是离开上川岛，心里就空了，会觉得不放心。”

小岛虽苦，也有着细碎的浪漫。

半个篮球场和一个赶海水桶，成了闲余时间不多见的亮色。畅游于碧波之间，垂钓于岸边礁石，漫步于金色沙滩，有时深夜跑去海边，只为抓些螃蟹添一道宵夜。

2019年9月，杨万基赴京参加“最美奋斗者”表彰大会

在基层，故事似乎没有太多起伏和改变。岛上没有城市喧嚣，没有田园悠然，也没有太多的花团锦簇，常年陪伴他的是岛上的风雨来客。单调、寂寞的气象站生活构成了杨万基栉风沐雨的半辈子，但他无悔每一次坚定的选择：“一辈子能做好一件事就够了。”

做一件事，贵在坚持，难在坚持，成在坚持。每天都在气象站周围巡视一番，成了杨万基生活的一部分，如果哪一天没有走一遭，会觉得生活中似乎少了什么。离岛过春节的次数两只手都数得过来。

岁月如潮，40年不过长河一浪。就这样，他从岛民口中的“小杨”，变成了“杨站”“杨叔”。

2019年12月9日，应邀到北京参加新中国气象事业70周年座谈会的杨万基，见到了86岁高龄的安多气象站老站长陈金水，并由衷赞叹陈站长“三进西藏令人

2019年9月26日，“最美奋斗者”广东省获奖人员在人民大会堂前合影留念（右二为杨万基）

2021年4月，杨万基获评“江门市道德模范”

动容”。而说起自己的工作，他只是笑笑，“我只是在干好自己的事情”。

或许，杨万基没有耀眼的瞬间，亦无重大科研成就，但他的不平凡就在于守得住漫长又平淡岁月中的那一份坚持，以及为这份坚持毫无保留地付出行动。

奉献，也未必是惊天伟业、轰轰烈烈。有所作为，是奉献；有所不为，也是奉献。

步入花甲之年，杨万基与上川岛气象站道别，他郑重地对梁兴文说：“我退休了，这个‘家’以后就靠你了。”言罢，两人相拥，仿佛在这一刻，责任与使命在无声中完成了传递。

在这个“家”里，还有一个又一个鲜活的身影拥抱着这片碧海，守护着这方平安。

扑向浪尖最高处

于时代洪流中发现每一朵浪花的灿烂，欣赏在粗粝生活打磨之下，每一朵平凡浪花曾那样奋勇地盛开，盈盈地，迸发出夺目光彩

2023 年 9 月 1 日，杨万基正式退休。这次带记者登岛，他说是“回家”。登船时，杨万基一路上遇到了长久不见的朋友，下船后也在一路与熟人打招呼。

再次回到气象站，杨万基步履间带着几分往昔的轻盈，新雷达如何了、新软件学得怎么样、还想家吗，都是他关心的事。

比起杨万基，新一代守岛人驻岛的时间并不长，但也经历过风风雨雨。

2008 年初夏，对于刚踏入职场的黄杰雄是一次前所未有的考验。强对流天气突如其来，一阵阵炸响的惊雷让办公楼晃动，慌张和害怕，几乎是每个观测员第一次值班遇到天气过程都会经历的心理阶段。

人工观测仪器到了需更换自记纸的时间，黄杰雄试图在雨中独立操作。但大雨不仅浇透了他，还淋湿了两张自记纸。尝试更换第三张的时候，杨万基来了。

"站长，雨太大，我放不上去。"疾风骤雨让黄杰雄有些狼狈，尽管身披雨衣，但雨势之大直接被掀起。杨万基耐心指导他如何在雨天操作更换，分享着他的经验：要把仪器的门打开，但又不能太大，用腿顶着门，防止风把门关上，雨伞斜贴着仪器桶的卡槽放，再观察风向，用背挡着雨，避免雨水淋到设备，最后把自记纸放上去。

这一方观测场，从地表深层到浅层地面再到耸立高空的现代化观测设备，错落有致。是回忆，亦是将来。

从手工编报到计算机技术的广泛应用，从人工观测到自动气象站的普及，从原始的警报接收设施到现代化网络信息管理……上川岛气象站与祖国同向而行，见证着气象现代化建设历史性的瞬间——

2006年1月1日，观测自动化和人工观测同时运行。2009年，新建沿海台风自动观测站。

2013年10月，实现气象自动化观测。观测员告别了从建站便一直延续的夜间值守，这天，站里的人都说："这下，能睡个好觉了。"如今，业务人员端坐电脑前，点击鼠标，万千精密数据瞬间汇集，秒传而出。

2013年，上川岛气象站升格为国家基准气候站。2014年，台风观测实习基地投入使用。

2023年7月，上川岛国家天气雷达建成，是广东省首台海岛S波段双偏振天气雷达，最大探测距离460千米，双偏振测量距离230千米，探测范围覆盖江门全境、周边地区及南海海域。

杨万基珍惜每一个来站里的年轻人，强调"要给年轻人机会"。实干是最好的成长加速器，从雷达选址到投入使用，站里的年轻人翻遍了上川岛的每一个角落，只为给雷达寻觅一个最佳位置；他们参与规划、设计、施工等各个环节，以及后期紧张的调试、试运行，一周最少一次的维检——这些苦干实干，年轻人全都担了下来。

2023 年第 4 号台风“泰利”在南海移动期间，上川岛 S 波段双偏振雷达捕捉到清晰的“台风眼”图像。

虽然技术进步取代了对体力劳动的依赖，但也增加了脑力劳动的重要性。2019 年，黄杰雄主动提出学计算机，站里基本实现自动化，但他还想掌握新技能，跟上时代步伐。此后三年的每个周末他都跑去台山上课，“对软件和计算机的了解不断增加，工作起来更加得心应手”。

1996 年出生的麦海峰今年 28 岁，在上川岛工作了三年，这期间他完成了许多“人生第一次”，第一次与蛇“对峙”、第一次维检雷达看到“猴王”、第一次经历雨天车辆在山路上打滑“漂移”……

麦海峰三年前曾和杨万基有过一次谈话。

从繁华城市到偏远岛屿，初来乍到，海岛一切都显得那么新鲜而迷人。但每日单调重复的工作让他有些“坐不定”，望着远方模糊的灯火，心中涌动的不仅是对家的思念，还有对自我价值的质疑。

杨万基察觉到他的迷茫与不安，作为过来人，自己也经历过。在食堂吃晚餐时，或在海边散步的黄昏，杨万基主动与他闲聊，告诉他留在岛上需要静下心来，用心去做每一件事。

这份工作究竟是为了什么，麦海峰开始思考，赚钱还是想要有更大的发展？“下班后，他就是我们的‘万基伯’。”他想沿着万基伯的足迹，探寻他身上的“坚守”之谜。万基伯的声音温和而有力，“一定要找到目标、工作的乐趣。”

麦海峰尝试调整心态，不再急于求成，也不再轻易被外界的喧嚣所干扰。他找到了内心的平静与坚定，明白了无论身处何方都要乐在其中，逐渐享受这份宁静与纯粹。

“90 后”正逐渐成为站内的中坚力量。这些新近上岛的气象人，也驾轻就熟地将阳光称为“日厚”，在一声声越来越接近岛上口音“你恰饭未”的问候中，完成了从“守岛人”到“岛上人”的身份转换。

上川岛气象站，也从广东三类艰苦海岛台站，变为实现气象自动化观测的国家基准气候站，如今更是广东首个拥有天气雷达的海岛基准气候站。但新的征程仍遥远，新的困苦仍存在，新的风险仍会出现，还有不少“硬骨头”要啃，只能一件接着一件办、一年接着一年干。

气象现代化是一篇“大文章”，需要无数基层气象工作者合力执笔书写。在基层这方热土，有千千万万像杨万基一样的人，以“功成不必在我，功成必定有我”的胸怀与担当，夯实着气象现代化的深厚根基。

晨光中，远方的灯塔指引着过往的船只归港，山下一户户渔民家飘起袅袅炊烟。在沙帽髻山顶，上川岛国家天气雷达站日夜兼程，用“触角”感知着风的力量、雨的形态，以及大海的深邃。

岛上的守望，有孤独，更有坚定。浪花的追求，是波涛，更是奔腾。

风起四海，云聚五岳，你我皆为浪花，时时冲涌着、堆叠着。千万同路的不息的浪花，跃入山海，各具风华。

（彭明霞、王天巍、胥金林、温文、李盼盼对本文有贡献）

沈学顺

st NWP Scientific Steering
Committee Meeting
Beijing, China
Sep. 15-17, 2015
HITACHI

沈学顺，1967 年出生于河南省南阳市，1987 年 6 月毕业于兰州大学地质地理系，1992 年被原国家教委选拔为中日联合培养博士生，赴日本东京大学气候系统研究中心留学。2020 年被评为全国先进工作者。2021 年，任中国气象局地球系统数值预报中心副主任。2023 年当选中国工程院院士。

沈学顺是科技部重点领域创新团队负责人、国家气象创新工程及中国气象局天气气候一体化模式重点创新团队首席科学家、中国气象学会数值预报专业委员会主任，是我国数值预报领域学科带头人，在气象核心科技自立自强方面发挥了领军作用。

沈学顺主持构建了我国自主、完备的数值天气预报科学与工程技术体系，主持建立了国家全球 / 区域一体化数值天气预报业务系统（GRAPES，现为 CMA 模式），主持研制了下一代天气气候一体化高精度可扩展大气模式原型系统。其主导的自主数值天气预报模式的创新发展和核心技术研发工作，一改过去我国天气预报及保障服务依赖国外全球数值天气预报技术的状况，为推动我国数值天气预报科研和业务自主创新做出了重要贡献。

沈学顺

静水流深

《中国气象报》记者　赵晓妮

数值天气预报——20 世纪最重大的社会与科技进步之一，2015 年 9 月，*Nature*（《自然》）期刊这样写道："数值天气预报是所有物理科学中影响最大的领域之一。作为一个计算问题，全球天气预报类似于人脑和宇宙早期演化的模拟，并且每天都在世界各地主要的业务预报中心运行。"

这是一项了不起的成就。仔细想想，在人类生活的世界，或许没有其他预测未来工作取得像气象领域这样的进展，更何况是面对如此复杂的多样的自然变化。

100 多年前，数值预报的先驱英国路易斯 · 弗莱 · 理查森在《用数值方法预测天气》中讨论湍流时写下一首小诗："大漩涡里有小漩涡，它们以速度为食；小漩涡里有小小漩涡，它们以黏度为食；如此继续。"这是为了描述其复杂性，感叹其用数学建模方法时有多么困难。

某种意义上，这会让人想到数值预报的发展与"流动"的关系，表面平静无波，水面之下则汹涌澎湃。而一百多年里，无数人前赴后继，踏入这安静但始终向前流淌的河流。

沈学顺，是其中之一。

寂静革命

2024 年 8 月，在新成立近三年的中国气象局地球系统数值预报中心，当记者问：“该如何向公众解释数值预报是怎么一回事？”

沈学顺用几句话就回答了这个问题：“很简单，就是用计算机算天气。以前大家都是看天气图，用统计的办法做一些推理，然后去预报，就像中医号脉一样，现在则是在计算机里基于数学物理方法客观定量计算未来天气演变。”

2011 年，沈学顺在第一次数值预报国际科学指导委员会上发言

没错，逻辑线很简单，但要做到这件事，远没有那么简单。

尽管人类试图预测天气的源流可以追溯到几千年甚至万年前，如果要基于科学的基础，让我们回到一百多年前，理查森试着预测 1910 年 5 月 20 日早上 07 时的欧洲中部天气的时刻。

无需再赘述，后人已经了解 20 世纪的激荡。与即将剧烈动荡的战场相比，这里似乎显得非常安静，但波澜就是从那一刻积蓄力量。

在这历史的节点上，湿度计、温度计和气压计等都已经被使用；在英国人罗伯特·菲茨罗伊与他的继任者弗朗西斯·高尔顿颇为曲折的工作中，第一张天气图已经在《泰晤士报》发表；美国人克利夫兰·阿贝实现了建立国家气象观测网的梦想，认识到气象学“本质上是流体动力学和热力学在大气中的应用”；挪威人威廉·皮叶克尼斯的团队描绘出了环流的相互作用和演化。即使在干巴巴的史料里，也能清晰感受到，新的时代里，许多对科学有热情的探索者们爆发了对气象的热情，纷纷投入到这份尚未完全显示出宏大前景的事业中。

2014 年，沈学顺在全国数值预报学术交流会上发言

《空气之海漫游指南》淡淡地描述了这决定性的时刻——现在，理查森可以做一些从未有人尝试过的事情了：用数学方法预测天气。

他把天气图分成 25 个模块，每个模块的面积为 125 平方千米。这些模块被进一步细分为五个垂直的空气层。他把所有变量都代入，然后运算这些数字。如果方程正确，这些数字将预测出 6 小时后的 13 时的天气情况。

然而，理查森的工作当时失败了。问题不在于他的数学方法，2006 年爱尔兰气象局的彼得·林奇重复了他的试验，发现是原始数据和当时计算方法尚有局限性的问题。尽管理查森本人吞下了“失败实验”的苦果，几十年后，他的实验被证明是正确的。

1950 年，约翰·冯·诺依曼与朱尔·查尼利用世界上第一台真正可编程的电子计算机——恩尼亚克（ENIAC），对第一个由就计算机生成的天气预报进行了编程，取得了成功。查尼把结果寄给了 69 岁的理查森，或许可以推想他的喜悦。

这就是数值预报诞生源头的故事，就像无数的水流随着时间不断汇入。很快，它就从理论转化为实际可用的业务，成为一个跨学科的复杂而严格的系统性工程，也就是中国科学院院士、国家最高科学技术奖得主曾庆存描述的“使天气预报从传统的以统计和经验为主的天气图方法转变为客观定量的科学”。

当数值天气预报在国际上掀起狂潮的时候，实际上，中国很早就跟进了。中国科学院院士、著名气象学家丑纪范在《数值天气预报的创新之路》里开篇回顾道："数值天气预报的研究和业务工作，在中国开展不算晚。"许多让后辈们崇敬的老一辈气象科学家，都为我国数值预报发展做出贡献。多年后，沈学顺将会踏上前辈开拓的道路，持续走下去。

中国的数值天气预报研究始于 1954 年，距离诺依曼和查尼的创新探索尚未过去太久，是国际上较早开展数值天气预报的国家之一。那时候，中国人就已经意识到数值预报的重要性。我国数值天气预报事业的先驱和奠基人顾震潮曾说，"总之要有一些新东西。不然，方法、观点、材料、工具，无一不是与人家一样，那么一定不会比人家更好。对国外来说，由于人家工业基础好一些，器材仪器等物质条件一般说来也要好些，结果，我们还可能搞不过人家。愈搞愈落后，愈赶差距愈大。这不是笑话，而是十分可能的。"

20 世纪 70 年代，国际数值天气预报逐步实现业务应用。日后在气象领域名声大噪的欧洲中期天气预报中心（ECMWF）于 1975 年成立，成为这期间的标志性事件。

中国的气象工作者也奋力在这个赛道上跟进。1980 年，原国家气象局与中国科学院大气物理研究所合作研制了亚欧区域 3 层原始方程绝热模式（当时称为 A 模式）。1982 年，中国科学院大气物理研究所—北京大学—国家气象中心联合研制了北半球 5 层格点模式（当时称为 B 模式）。1983 年，国家气象中心基于北京大学教授张玉玲提出的基本模式架构发展了 LAFS（后逐步发展为 HLAFS）有限区域模式。

不过，考虑到当时中国数值天气预报系统的研发能力和支撑条件与先进国家存在很大差距，当时的技术路线是从先进国家整体引进预报模式。"七五"期间，以从 ECMWF 引进的全球谱模式为核心，在国家气象中心李泽椿院士领导下，我国在国产银河大型机上建立了 T42L9 全球预报系统，于 1991 年投入业务运行。20 世纪 90 年代到 21 世纪初几经升级（后称为 T 系列），支撑了中国的预报业务与服务。

时间线来到 21 世纪，形势出现了变化。

有挑战性的东西

在大学里，沈学顺第一次接触到数值预报。

在此之前，这个热爱学习、想要走出家乡去看看外面世界的少年，对气象的认知几乎是懵懵懂懂的。

20 世纪 60 年代，沈学顺出生在河南省南阳市社旗县的一个“非常小的”村庄里。祖辈世代都是农民，父母基本没有接受过教育，甚至自己的名字都写不完整，但却非常重视孩子的教育。“就像给我起的名字一样，学顺，学顺，希望我一辈子的学业道路，都顺顺利利。”多年以后，他回忆说。

少年在物质贫乏的乡村生活里，“基本只是学习，看小说、看小人书”。对孩子的学习，父母用心支持、从不含糊，“小时候印象最深刻的是家里虽然没有钱，但我买小人书从来没有不掏钱。”他一直珍惜来之不易的读书机会，“我走得并不快，但是在别人停顿的时候我也在走，坚持下去，我就走在了前面。”

1983 年，沈学顺考大学，第一志愿是西安交通大学科技英语，因为入学还需要面试，后来被兰州大学地质地理系录取，攻读气象学专业。读这个专业或许有点偶然因素，在此之前他对气象学的印象来自于“记得小时候气象站的观测员穿着白大褂，看起来挺好”。

高中时代的沈学顺

和那个年代的很多大学生一样，选定专业后，沈学顺不再有犹豫，“就学这个，一步一步往前走，希望能够学会、学通，然后还能够去做点什么事儿。”

读书期间，沈学顺遇到了一位对自己影响很大的老师——时任兰州大学大气科学系系主任丑纪范。跟着老师学习的情景，沈学顺仍历历在目，“丑老师的课能带给我一些新理念、新思路。我经常拿着自己推导不出的公式请教丑老师，他会在很短的时间内，告诉我应该怎么做。”后来，丑纪范当选为中国科学院院士，他严谨的治学态度和对科研的钻研精神至今仍感染着沈学顺。

四年后，凭借着每个学年专业第一的优异成绩，沈学顺被推荐免试至兰州大学大气科学系攻读天气动力学专业硕士学位。要选什么专业方向呢？“感觉到自己想做有一些挑战性的东西。”最终，他选择了数值预报方向，“觉得很有发展前途，用计算机能够把天气算出来，这个事还是很神奇的。”

为了做好硕士研究生论文，沈学顺还专门拜访了程麟生老师。在程麟生家书房里的桌上堆着厚厚的打印出来的数值预报程序，是他从美国亲身背回来的珍贵资料。

程麟生是改革开放后较早走出国门的气象科研工作者之一。20 世纪 80 年代，他为了更深入地对中国 1981 年 7 月发生在四川省的特大暴雨过程进行中尺度数值模拟研究，前往美国国家大气研究中心（NCAR）开展交流访学。

那是个对知识孜孜以求的时代。回国之前，程麟生复印了十几本重要的、国内几乎看不到的气象学原版英文书籍寄回国内，还征得同意后，把 NCAR 的中尺度模式 MM4（Penn State/NCAR，Mesoscale Model Version 4）模拟系统的原介质程序和纸质程序带回了国内。

“不像现在可以实时在电脑上看，那时候一般都是打印出来拿纸看，一点点去对。”沈学顺说，“虽然形式不同，但本质和现在的数值预报是一回事儿。”

三年硕士毕业后，沈学顺留在兰州大学，继续攻读天气动力学博士学位。

很快，他将踏上程麟生等师长前辈们不断拓宽延展的道路，去往更广阔的世界。1992 年，怀着对知识的无限渴求，沈学顺踏上了前往日本求学之路。毕业后，他在东京大学气候系统研究中心担任助理研究员、文部教官。

在日本的生活和工作很平静，上班、下班，可算是悠闲又单纯。沈学顺也关注到日本研究者做科研的认真态度，“每个人把研究作为一种非常有兴趣的事情，比如大家互相交流，一见面就把当时还比较笨重的电脑拿出来，马上就开始打开PPT，讨论问题。”

时间来到千禧年，沈学顺面前出现了新的选择。

20 世纪末至 21 世纪初，中国气象局做出了未来数值天气预报业务发展技术路线由引进为主转为自主开发为主的重大决策，开启了中国新一代数值天气预报系统的自主开发工作。

2001 年，时任中国气象科学研究院院长张人禾到日本参加一个学术研讨会，沈学顺在与他的交谈中得知，中国气象局成立了数值预报创新基地，要自主研发数值预报系统。张人禾征询沈学顺意见，问他愿不愿意回国参加数值预报系统研发。

“我说这是好机会，就这样回来了，其实很简单。”沈学顺放弃了在日本的安逸生活，“主要还是作为一个中国人最普通的感情，想回来为国家做点事情。”

正确的道路

2002 年，回国之后的沈学顺，来到了新的路口——这同样是中国天气数值预报之路的新交叉口。

我国在 20 世纪 80 年代末到 90 年代初建立起了数值天气预报业务，数值模式系统的主体框架由国外引进。但是，由于引进的业务模式系统缺乏完整性和再开发性，我国数值预报水平与发达国家相比，在模式的性能、资料同化、模式预报准确率等方面均存在较大差距。

这种差距很难用数据去评价，但它真实存在，“灼烧”着中国气象工作者的心。

2000 年前后，无论欧洲还是美国，数值预报水平已经明显提高。“当时我们看文献基本上是看美国、欧洲中期天气预报中心的文献，他们的研究水平已经相当高。当前欧洲中期天气预报中心和美国运行的预报系统，基本是根据 2000 年之前的研究成果搭建起来，到现在还都在用。”沈学顺对差距并不讳言，但他真正看重的是综合实力方面，“最重要的就是基础科技实力、研究积累、人才队伍，这个差距是不得不承认的。”

而自主研发数值天气预报已经是必须要做的事，没有退路。

每个学科、每个行业，都有自己的核心科技。“核心科技体现了我国整体科技实力，靠各个行业的科技实力一点一点地累积起来，构成整体力量。”沈学顺解释说，数值预报就是气象部门的核心科技，用现在的话来说就是气象领域的“芯片”。在气象领域，数值预报涉及多方面综合问题，“要把观测资料用好，把大气科学相关的问题研究好，把预报做好，还要用好先进的通信技术、先进的计算机等，相当于整个代表了我们气象部门观测、预报、通信、高性能计算机应用、基础研究等多方面水平，代表了整个气象部门的综合科技实力。”

2021 年，沈学顺任中国气象局地球系统数值预报中心副主任

在气象领域，这不是秘密。任何有一定实力的国家，只要有条件，都想自己掌握数值预报。比如尽管有欧洲中期天气预报中心这样的顶级机构研发出先进的数值预报，英国气象局等依然专注开发自己的系统，究其根本，因为这涉及自己国家的能力和实力。

“我们要有能力，把我们国家自己的数值预报做好。”简单一句话，背后却是不简单的长远考量，“这是气象部门的核心科技，掌握在我们自己手里，就相当于我们国家具备了这一方向的科技实力。”

自 2002 年 10 月起，沈学顺担任中国气象局数值预报创新基地首席研究员，彼时该基地也不过一二十人。他们将全力推进研发我国自己的新一代全球 / 区域多尺度通用同化与数值预报系统，即 GRAPES 模式（Global/Regional Assimilation and PrEdiction System，后发展更名为 CMA 模式，也就是中国气象局模式）。

如何在深入理解和借鉴国外先进经验的基础上，搭建适合我国国情的数值预报系统，是 GRAPES 模式研发之初面临的重要问题。在中国气象局数值预报创新基地创立之初，薛纪善、陈德辉等前辈开展了多方调研，充分考虑了计算机发展等前沿趋势，选择了合适的技术路线。

大的技术方案已经确定，“最优先考虑的是先把模式转起来，有些技术方案的核心问题能够解决得比较扎实一点。”沈学顺和团队的目标非常明确。

各关键环节计算方案的反复推敲、试验、验证贯穿于承担任务各小组的整个研发过程中。有时，仅仅一个微小的细节问题都可能导致模式整体性能下降，甚至导致全部过程推倒重来。而团队始终没有动摇，“我们团队有坚持自己的选择，坚持自己的科学方向，不能受外部的干扰。如果今天做这个、明天做那个，那就什么事都做不成。”

2004 年，团队用 GRAPES 模式对整个汛期台风进行了后报试验。试验成功了，这是 GRAPES 模式第一次完全计算出正确结果。20 年之后，谈到那个时刻，沈学顺露出笑容，“说明第一步走出来了，初步能成型，就证明整体上都是对的。”

沈学顺与李泽椿一起考察南水北调中线渠首

2006 年，GRAPES 区域数值预报业务系统（GRAPES-Meso）正式投入业务运行，这意味着从模式到同化、有限区 / 全球一体化的研究与业务通用的数值预报系统成功建立，促成了我国数值预报模式成功研发。

2007 年 7 月，GRAPES 模式的研发全面进入全球模式系统发展阶段。

回过头再谈起的语气可以云淡风轻，但与沈学顺共事多年的团队骨干孙健还记得当时的焦灼。“当时需要尝试全球模式和全球同化系统同步研发，完成同化后预报、预报后同化这个循环的过程，同时也第一次把卫星资料同化进来，在循环迭代过程中，如果同化质量差，太偏离真实大气的话，模式就无法积分下去。”为了让这个循环持续下去，沈学顺和团队几个人每天都在琢磨这件事，“几乎天天盯着这件事，一步一步往下推进。”

无论沈学顺还是团队，都始终坚持。张林从2004年开始在沈学顺带领下开展工作，“与引进、消化、吸收的路径相比，自主研发路径虽然起点较低，但每一步都是自己走的，我们清清楚楚地了解其中的问题，包括优点、缺点和改进的方向，而且只有掌握自主技术研发能力，才能实现可持续发展。很多关键细节如果没有积累，是吃不透的，就无法理解别人当初为什么这样做或者那样做。”

最大的支持来自中国气象局党组始终坚定不移坚持自主研发的决心。在沈学顺看来，中国气象局党组的支持如同定海神针，对稳定整个团队的信心，起到了非常重要的作用。

他们坚信，正走在一条正确的道路上。

“研发模式的过程相当于研究一门学问，需要多看、多想、多理解。”团队每周都有工作例会，大家碰撞思维的火花，讨论具体方案，各抒己见，“最终总归能够找到更优的办法，走到正确的道路上，把事情做好”。

十年又十年

数值预报模式要用来做预报，要时刻接受天气的检验——决定了这必然不是一项仅停留在案头的工作。

2010年，中国气象局数值预报中心成立，作为国家气象中心的组成部分。目的很明确，就是要打通数值预报自主研发、应用、改进、发展的良性循环。

“对，是瞄准全面业务化。”沈学顺任该中心副主任和首席科学家。

数值预报的研发涉及科学和技术的不断进步和相互促进，是一个科学技术的交叉积累的过程。这是一条从踏上就注定需要走过漫漫征途的长路。“很多东西要实现的时候，需要花很长时间，并不是一般人想象的像做科研写一篇论文那样。模式要能在业务上使用，简单点来说，这个程序24小时在计算机上跑，要跑得对、跑得快、不能出问题，这个跟写一篇文章不一样。”

2015年9月，沈学顺在第一届数值预报科学指导委员会（SSC）会议上作报告

这不是一项能立刻出成绩的工作。如果没有坚定的信心，又如何能一路跋涉？

团队骨干韩威2005年加入数值预报自主研发，所有努力就是为了让卫星资料在模式中能“用得上”。到2016年，12年里，他的文章和“成果”几乎为零。其间，曾有国外机构给他一份让人心动的邀约。但他放弃了这个机会，因为当时GRAPES全球同化预报系统的发展正处于一个关键时期。“研发长周期的数值天气预报系统工程，如同长征，即使在最困难的时候，我也没有想过放弃，但确实做好了‘牺牲’的准备。”数年后，他应邀在大学校园向年轻学子分享科研经历时坦陈，“如果我离开，哪怕只有一年时间，也势必影响GRAPES同化团队的研发工作。因此，我选择坚守GRAPES研发阵地，一步步扎扎实实做好业务化工作。”

2008年，GRAPES全球四维变分同化系统研发工作启动。这是提高全球数值天气预报水平的关键技术之一，该领域在国内尚属空白，缺少技术积累和知识储备。在很长一段时期里，沈学顺与团队成员一边探索基础理论、一边进行各种研发调试，最终完成了框架搭建，在三维变分同化的基础上加入时间维度信息，也就是把静态的“三维变分”提高为有时间轴的“四维变分”，改善了全球高分辨率

GRAPES 模式在降水、热带气旋等方面的预报性能。

沈学顺与团队成员讨论问题

最难的时候，研发甚至停滞两年无法推进。思想起伏和外界负面声音不可避免。2013 年，数值预报团队专门就技术路线开会。“要狠下决心做四维变分。”孙健回忆道，“现在做完了回头再看，大方向没错。”

在张林看来，“科研工作是一项充满挑战和不确定性的工作。一个卓越的工程师团队，需要有共同的目标和愿景，大量人力、物力、经费的投入，还需要有高效的团队管理和协作机制，在这些方面，中国气象局为我们提供了政策机制支持和经费保障，集中力量办大事，有了这些支持才能使我们团队心无旁骛地投入到研发工作中去。”

这样的青年科研人员聚集在沈学顺周围，一同朝着目标前行。他们不但愿意去做，而且努力把事情做好，在沈学顺看来，这并非出自外力，“我们在整个团队建设和发展过程中非常注重激励大家，避免老去做一些重复性的工作，鼓励不断地探索新方法或新的研究途径，让大家源源不断地产生新鲜感和前进的劲头儿，大家自然就团结在一起。年轻人能够静下心稳定在这工作，也是因为都憋着一股劲，要把自己的事情做好，把国家的事情做好。”

他最看重团队成员的两方面素质，“第一就是要踏踏实实做事，第二个就是合作系数要高，相比于聪明过人，以上两点更加重要”。

坚持，迎来了收获。

2016 年，正式业务化运行并面向全国下发产品的 GRAPES 全球预报系统，被视为我国数值预报技术体系实现国产化的重要标志，也宣告我国基本掌握了从全球预报到区域高分辨率预报的系列数值预报核心技术。

2018 年，全球四维变分同化系统实现业务化，我国进入资料同化技术主流行列，成为继欧洲中期天气预报中心（ECMWF）、法国、英国、加拿大和日本之后，全世界第六个自主建立四维变分同化系统的业务中心。2019 年和 2020 年，该系统又连续完成了业务系统升级。这些工作不仅显著提高了我国全球中期数值天气预报水平，而且大大缩小了我国在该领域与国际领先水平的差距。

每一天，数值天气预报产品都在被广泛地应用和检验。目前，团队建立了全链条 0 至 15 天无缝隙数值天气预报业务平台，为各级气象台站和水利部、生态环境部等部门提供预报产品支撑，有力支撑防灾减灾第一道防线；中国气象局全球数值预报系统作为世界气象中心（北京）的核心支撑，对“一带一路”沿线多个国家和地区提供气象灾害预报预警产品；提供远洋导航所需全部国产数值预报产品，具备了自主全方位服务保障国家重大战略的能力。

2021 年，中国气象局统一规范数值预报业务模式命名，气象部门数值预报业务模式中文全称统一加冠“中国气象局”，英文缩写前缀变更为“CMA-”。如“GRAPES 全球同化预报系统”，统一规范命名后，中文名称为“中国气象局全球同化预报系统”，英文为“CMA-GFS”。

现在，这是当之无愧的“国字头”。

固然有压力，但沈学顺切身感受更多的是“要有从事的这项工作的责任心，我们的责任和义务就是把它做得越来越好，让它代表中国这方面的品牌。”

年轻人也已成长起来。2013 年，数值预报团队入选科技部“创新人才推进计划重点领域创新团队”，2022 年获批中国气象局“天气气候一体化模式”和“资料同化与再分析”两支重点创新团队。沈学顺创新工作室还是中国农林水利气象工会和中国气象局办公室命名的第一批全国气象行业示范性劳模和专家人才创新工作室。团队成果在 2018 年获得中国气象学会科技进步一等奖，2021 年获国家科技进步二等奖。近年来，团队中 20 余人次获得多项荣誉称号。

当然，后来，韩威发表的论文数量不仅大幅攀升、被引次数更是不断上涨。

2021 年，沈学顺（左六）和团队在获国家科学技术进步奖二等奖后合影

他也收获了奖励和荣誉。“祖国不会忘记那些为了国家需要，默默奉献、做出贡献的普通劳动者。”在与年轻学子交流时，他这样总结道。

新世纪的两个十年过去了。

回顾往昔，沈学顺说，最大的成就是，回国后能够在中国气象局的平台上，坚持做一件事情 20 年，最后还能得到认可，能够在实际天气预报业务中发挥作用。“从个人心里来讲，非常自豪。这么多年来，对得起自己的理想和信念。”

下一个十年，将奔向何方？

未来的数值预报

2024 年 3 月 19 日，中国气象局下一代大气数值模式正式发布。

该模式的主要创新之处体现在三方面：

第一方面，新一代模式瞄准了未来高性能计算机异构众核发展方向，与过去

的同构并行计算机有很大差别，因此采用完全自主的动力框架算法——多矩约束有限体积方法（MCV）为基础算法。“这是中国人自己提出的方法、自己的模式。”

第二方面，软件架构瞄准未来地球系统数值预报发展，发展基于耦合器的新的软件架构。“这个耦合器不是原来气候系统模式用的耦合器，而是既要面向天气预报、也要面向未来的气候应用，有很多新的东西。”

第三方面，整个物理过程考虑到将来百米分辨率的局地预报可用、全球天气预报可用、全球短期气候预测也可以用，从一开始就采用一套比较完整的适应各种尺度的物理过程不断深化和优化。

当人们还在感叹他们的成绩时，他们已向着新目标走出很远。

2021 年 9 月 30 日，中国气象局地球系统数值预报中心成立。团队规模再次扩大，达到 200 多人。“成立该中心，也是中国气象局党组看准未来数值预报不仅是数值天气预报，要更好地精细服务各行各业，必须发展地球系统数值预报技术。”沈学顺说。

新的时代潮流不断涌入数值预报的河流，百年前的涓涓细流，如今已成大江大河，奔涌向前。

比如近年人工智能迅猛发展，其在气象领域的应用备受关注。“这个时候，我们怎么样把握新一代信息技术尤其是人工智能，使其融入我们的发展，需要及时根据科学技术的发展调整一些方案和方法。”沈学顺和团队在关注、在跟进，“天气预报或气候预测业务，需要实现三个目标，即一是算得准、二是算得快、三是算得久，那么，人工智能怎么嵌进去，在提高计算精度等方面如何发挥作用，都是我们需要思考和探索的。”

忙碌间隙，沈学顺依然有自己的秩序和节奏。“缓解疲劳最好的办法就是恢复到平时的工作状态。”沈学顺喜欢在办公室里看文献、思考问题，没有人来打扰，他可以在知识与思想的世界里自由遨游。“做科学研究的人，当一件事情想通了，然后把它变成我们业务系统能用的东西的时候，这就是乐趣。遇到问题的时候，不断去查文献、去调研、去思考，怎么把问题解决，这都是乐趣。”

办公室门外的走廊上，新一代大气数值模式研发的路线图和时间表已经挂出来。

或许在沈学顺的脑海中，也有大漩涡、小漩涡，小漩涡里有小小旋涡，它们平静又澎湃，勾勒起理想中的数值预报，“比如说十年以后，模式的分辨率会很高，计算机会算得更快、算得更准，整个系统会更稳定，肯定比现在的数值预报的能力要上一个台阶。”

韩文兴

韩文兴，男，1971年1月出生。1992年，韩文兴被分配到佛爷顶国家气象观测站工作。这里位于延庆北部，海拔1224.7米，冬季最低气温零下32℃，全年大风天数110天，是北京市唯一有人值守的艰苦气象站。在这里，韩文兴坚守在平凡又重要的工作岗位上，一守就是30余年。其间，韩文兴克服了艰苦的条件，战胜了常人难以想象的孤独，见证了地面气象观测自动化进程，参与了北京冬奥会气象服务保障。2020年，韩文兴被评为全国先进工作者。

韩文兴

守住一座山　做好一件事　成就一个人

《中国气象报》记者　刘钊

1224.7 米海拔高度，7 千米盘山路。32 年前，花 3 小时，靠一双腿爬上山。32 年后，用不到半小时，坐车经过盘山水泥路直达值班室。

无论哪一种方式，走过这段曲折萦回的小路，都足以隔绝喧嚣与浮华，留下静谧与孤独，放大执着与责任。

——题记

一程人生：登上那座山　陪伴那座山　守护那座山

一幢白墙蓝瓦的小屋，正对着布满各类自动化设备的观测场，背后有两间库房，周围环绕着几根避雷针。除此之外，就是蓝天、白云、绿树，以及不时掠过的山风。在北京市延庆区佛爷顶国家气象观测站，这就是韩文兴日常活动范围的全部。

今天天气还算平稳。韩文兴在站里巡视了一圈，在小小的山头上，一片静谧，只有偶尔跃起的草虫与他的脚步为伴。小屋中飞来一种看起来很新鲜的飞虫，体格粗壮，黑中带黄，周身环绕着毛刺。他赶忙抓起手机记录下来，颇有兴致地发到朋友圈与大家分享。

这天，是韩文兴这轮值班的第二天。今年，是韩文兴扎根佛爷顶的第 32 年。

且让我们追溯到 32 年前，韩文兴刚刚到这里工作的瞬间，乃至更久远的过去，他第一次登上佛爷顶那一刻。看看在这呼啸而过的时光流转中，有哪些东西恍如沧海桑田，又有哪些事情，从来未曾改变。

20 世纪 80 年代，一名少年登上了海拔 1224.7 米的佛爷顶。在当时的他看来，这只是一次远足，一番观光，还不曾想到，自己与这个地方结下的缘分，要用一生来讲述。

韩文兴的初次佛爷顶之旅，一方面是因为他从童年起就对大自然情有独钟，“一有机会就往郊外跑”。另一方面，则是因为他有一个在这里做观测员的哥哥。当时，初中刚毕业的他到山顶探访哥哥，却在这里看到了壮丽的日出和如仙境般的云海。从此以后，佛爷顶就在他的心中埋下了一颗种子，只等合适的时机萌发。

1992 年，韩文兴 21 岁。这一年，北京市延庆县（2015 年撤县设区，编者注）气象局招工，韩文兴果断报名，如愿成为一名观测员，正式来到佛爷顶国家气象观测站工作，开始了他人生的坚守之旅。

当时的气象观测高度依赖人工，种种工序可称繁杂。作为一个“门外汉”，掌握相关专业知识成了韩文兴面对的第一道关口。学习地面气象观测规范，背诵云的定义，记各个仪器如何读数，掌握维护、维修技能——由于佛爷顶山上是一人独自值班，所以参与值班的观测员都必须充分锻炼自己，成为真正的多面手，凡事都要亲力亲为，独自解决。

儿时出外游玩，看遍云卷云舒，是一种莫大的乐趣。而当乐趣变成工作，就额外增添了一份沉甸甸的责任，看云识天气便不能随心所欲，需要格外谨慎。佛爷顶地理条件特殊，仅仅是针对云层观察的知识，韩文兴就花了很长时间学习实践。

最终，在师傅的带领下，经过半年多的刻苦学习，韩文兴逐渐掌握了不同气象要素的观测知识，成长为一名独当一面的观测员，从此开始了在佛爷顶国家气象观测站单独值守的任务。

韩文兴在海陀山巡检仪器（摄影：王猛）

每天早晨 8 点开始，韩文兴就要观察数十种气象设备，分析记录仪器上的数据，再将这些数据发送到气象局。每天 3 次，不能有中断，更不能出现迟报、错报、漏报。

工作，仅仅是艰苦值守任务的一部分，山上的生活，同样有诸多难题需要克服。先说出行，那个时候，上山的水泥路还没有修通。每次上山，韩文兴都要带上半个月的粮食蔬菜，从永宁镇的家骑车三四十分钟到山脚下的村子，把自行车停在那里，再抄小路爬 3 小时的山，才能到达站里，开始值班。

而说起住，佛爷顶那时的值班用房相对简陋。三间房子，一间业务用房，一间厨房，一间卧室。山上冬季最低气温低于零下 30℃，最大风力 12 级，年均大风天数达 110 天，几间陋室完全不足以抵御风雨。

韩文兴回忆："夏天一下雨，房子就漏雨。下雨的时候等到外面不下了，屋里还滴答。冬天更难过，房子都是木窗户，一刮风冷空气就向屋里灌，只能拿报纸裁成条，把窗户缝都糊上。"

晚上睡觉，老鼠在屋里横行无忌，韩文兴的身边、头顶甚至胳肢窝，都曾有老鼠爬过。有时夜深人静，迷迷糊糊刚睡着，就听到“咚咚咚”敲门声，拿着手电打开门，却发现只是一群老鼠跑过。

由于向山上运输物资很有难度，水和食物都需要半个月一次从山脚下运来，山上日常的吃食自然相当简单。一开始，所有用水都存在四个大水缸里。山上蛇虫鼠蚁频繁出没，有时一打开缸盖，就会看到钱串子、大苍蝇漂浮在水面上，但由于水的稀缺性，韩文兴也只能把虫子撇出去继续喝。

因为山上一切只能亲力亲为，除了工作技能，韩文兴在这里也学会了自己做简单的饭菜。主食就吃米饭、馒头、挂面，蔬菜则以耐储存的优先。特别是冬天，有时大雪封山，物资无法运送，“先吃青菜，青菜爱坏。然后是土豆、葱头、大白菜，放的时间长。”

韩文兴在换日照纸（摄影：孟菁）

2003 年，延庆县气象局重新修整了佛爷顶国家气象观测站。这次重修，前前后后花费了近半年时间。站虽然在修，观测却不能中断。那段时间，韩文兴和同事工作、生活都挤在一间如今被用作仓库的小房间里，虽然条件变得更艰苦了，但他仍没有错过一次观测任务。

这年 10 月，赶在又一个严冬来临前，房屋改造完毕：工作间、客厅、厨房、卧室、卫生间全都配齐，厨房里配备了冰箱、抽油烟机。屋里还修建了水窖、地暖，双层的塑钢窗户、防盗门，能看电视、能上网。后来，通往气象观测站的山路，也修成了盘山水泥路。用韩文兴的话说，就是“跟以前比可以说是天壤之别，再也不怕老鼠拱门了”。

站里的居住条件发生了天翻地覆的改变，但这并不意味着韩文兴的工作从此与艰苦和危险绝缘。相比平原地区，山顶的天气还是复杂多变。无论是夏天的雷暴，还是冬天的大雪，都有可能成为致命的威胁。

夏日，山上多发剧烈的强对流天气。韩文兴回忆，站里早期的避雷设施相对简陋，所谓避雷针，就是粗钢管套着钢筋，“纯手工制作”。一打雷，就能看到避雷针顶端被雷击得通红。

后来，站里建起了现代化的避雷针，但韩文兴仍免不了需要与雷电斗智斗勇。2019 年的一个雷雨夜，天空中闪电接连不断，屋外亮如白昼、雷声隆隆。多年养成的职业习惯让韩文兴来不及考虑自身安危就冲了出去——他要及时测量冰雹的直径。

“一下雨，我们就先把门打开看看，有没有下冰雹。如果下冰雹要赶紧去找冰雹，不管雨多大、冰雹多大，赶紧找一个拿进屋里去测。测完了发重要天气报告。”

韩文兴不顾狂风暴雨和砸在身上的冰雹，拿着工具测量了十多个冰雹的直径，并将这些数据完整传输到气象局。眼看任务完成，可以喘口气歇歇了，电脑显示器的异样却让他再次紧张了起来。

“量完冰雹了，一个闪电过来了，在屋里测完都发完报了，抬头一看数据缺测了。”

这个时候，佛爷顶上依旧电闪雷鸣，暴雨夹杂着冰雹倾泻而下。在这样的环境下进行室外作业，时刻都有遭受雷击的危险。但是一想到可能造成观测数据缺失，韩文兴立即冲入滂沱大雨中。他发现仪器被雷击损坏，但一时难以判断出是什么故障。

大雨中，韩文兴一时不知所措。然而，时间拖得越久，遗失的气象数据越多，预报的精度就越受影响。心急如焚的韩文兴立即联系后方，通过视频远程指导找到了故障的配件，并迅速完成更换。

冬天，大雪没有雷鸣电闪那样声势逼人，但却是一把更可怕的“慢刀子”。2012 年冬天，佛爷顶遭遇了一场自建站以来最大的降雪，韩文兴的工作和生活也

韩文兴在维护能见度仪（摄影：吴蕾）

韩文兴在维护视程障碍仪器（摄影：吴蕾）

陷入了极大的困境当中。

当时，韩文兴已经在佛爷顶国家气象观测站驻守了半个月。一轮值班期满，第二天就能下山的他，却因为大雪被困在了山上。

“一开门加密观测，雪已经到大腿根了。”韩文兴在雪中摸索着走到观测场，原本用来防雪的靴子，反而成了储雪的袋子。完成观测任务的困难还在其次，更加危急的是，需要半个月补充一次的物资一时间无法运上山，韩文兴面临着粮食、蔬菜、饮水即将告罄的情况。如果大雪持续，交通中断，不仅工作会受到影响，甚至生存都会成为难题。

“一天吃三顿饭改成两顿，米饭熬得跟粥似的，青菜没了就吃咸菜。缸里的水省着使，化点雪水刷牙、洗漱、洗脸。”

为了排解内心的焦虑，他让自己一刻不停地忙碌起来。除了正常的气象观测工作，他把所有时间都用来铲雪和维护设备。

“我们工作就是加密观测，一小时一测雪深，测完雪深就要发报。那时就是连轴转。每年冬天下雪，大雪封山经常的事，家里人也习惯了，也就不怎么担心我了。”

独自坚守了40多天后，道路终于打通，韩文兴得以平安回家。从此以后，他都会特意多储备一些粮食，以防极端天气的发生。

一次搏斗：最难战胜的是孤独寂寞

如此艰苦的环境，普通人住上一周，尚且难以忍耐，韩文兴却一守就是32年。支撑他一路前行的，究竟是怎样的精神内核？从他微信朋友圈的签名中，或许可以窥见一部分答案：

“责任与信念坚毅守望，孤独也是力量，平凡就是伟大。风景这边独好。”

从这句签名中，我们可以读出神似“众里寻他千百度，蓦然回首，那人却在，灯火阑珊处”的人生境界：起初，是责任与信念支撑着韩文兴，帮他习惯工作的辛苦，克服环境的艰险，打消放弃的念头。而在经受漫长孤独的考验后，某一天蓦然回首，却发现当初的责任与信念早已内化于心，成为灵魂中不可磨灭的光芒。于是艰苦若等闲，宠辱皆不惊，于是踏遍青山人未老，风景这边独好。

而消化这份孤独，韩文兴花了很久、很久。

上山32年，起初15天一轮岗，如今7天一轮岗，始终是两人轮换。根据规定，值班期间不能因任何私事下山。这也就意味着，值班人员要单独一人在山上住满半个月或一周。韩文兴换过十几个搭档，只有他始终坚守。

韩文兴现在的搭档叫吴蕾，1990年生人，参与值班已经8年了，是和他合作比较久的搭档。吴蕾感觉，现在气象站的条件不算太艰苦，他家也在永宁镇，佛爷顶这份工作算是一份离家近的工作，虽然有点困难，也能克服。

“现在山上能上网，就啥都知道。信息时代，什么都能在网上看到，除了看不见真人。”吴蕾觉得，现在在山上也没有与世隔绝的感觉。他还设想了一下没有网络的年代，觉得似乎也能待下去。

但只有真正经历过那个年代的韩文兴，才能体会到那份刻骨的孤独。

“在这山上，老是一个人待在上面，除了工作就是做饭，有时候看看书、看看电视。一到山下，觉得自己说话、交流上就不行了，老是觉得不自在，说两句话就没得说了。现在我这说话结结巴巴的，也是在山上时间长了的原因。”

佛爷顶国家气象观测站地处群山之中。长期离群索居的寂寞生活，让韩文兴开始向往起热闹一些的工作环境。他一度想过放弃，重新找一份工作。但是每次彷徨时，一想到自己选择这份工作的初心，他就慢慢打消了这种念头。

"影响北京的天气系统从这过，咱们气象站第一个监测到，像打雷，咱们监测到就得赶紧往上报。咱们这把守着北京天气的西北大门。"

北京天气的西北大门，是韩文兴对这座气象站重要意义最朴素、也最直观的认识。早在他上山之初，师傅就这样告诉他，这里的气象数据对于精准预报北京天气意义重大。

徘徊过，犹豫过，彷徨过，韩文兴还是选择了留下。既然选择留下，就必须直面孤独。为了排遣四面八方袭来，看不见、摸不着却又时时不散的孤独感，韩文兴想尽了各种办法。

避免孤独，最直接的方法自然是与人交流。

韩文兴发现，山底下的村民，偶尔会上山来采蘑菇，会在山里喊。每当这种时候，他就出声回应。采蘑菇的人"嗷嗷嗷——"，他就"哎哎哎——"。虽然俩人互相看不见，但单纯喊一喊，也是一种交流。有时候实在闷得慌，韩文兴也到松树林子里边采蘑菇，连带着锻炼身体，回来还能炒个蘑菇吃。

"实在难受了，就对着大山喊几声，心里多少会舒坦点。"

2004 年，韩文兴多了个不近不远的伙伴。这年气象站北边不远处的山头建起了森林防火瞭望塔，在森林防火期有护林员上山来值班。这下，气象站总算有了邻居。有时候瞭望塔的水用完了，护林员会来气象站这边提水。借着这个短暂的机会，两个寂寞的人也能趁机聊上两句。

在山上，交流的机会弥足珍贵，采蘑菇的村民不常上山，护林员也只有冬春在岗。想排遣孤独，势必还要想一些更简单持久的办法。

电视是韩文兴的好伙伴之一。在山上装了电视之后，韩文兴每天早晨起床都会先把它打开。

“早上起来第一件事儿，开电视！开了电视就能听见说话声儿了。”

电视放在那里，韩文兴也不一定去看，只要发出声响，就已经是一种陪伴。电视之外，韩文兴也靠读书消磨时间。站里的书柜这些年来积累了许多书，种类繁杂，既有《大气探测学》《干旱气象学》这样的专业书籍，《云天探秘》《天空趣像》这样的科普书籍，也有《三体》这样的小说，或《普京传》这样的人物传记。闲来无事，读上一本，也能度过一段静谧的时光。

只不过，当孤独泛起的时候，时间似乎是无穷无尽的。电视总有不想看的时候，书也总有读完的一天。韩文兴选择用学习来充实自己。这些年，韩文兴利用业余时间完成了南京信息工程大学在职大气科学课程，先后拿到了大专和本科学历，有时间，他还会刻苦钻研设备维护检修技术，以便设备损坏时，能够快速修复完成，保证数据监测和传输不间断。

最近几年，韩文兴还有了新的兴趣爱好——延时摄影。奇妙的是，这项爱好与他第一次登上佛爷顶的经历，跨越 30 年的时空，完美地嵌合在一起。当初沉醉于云海美景的少年，如今拿起了摄影设备，拍下日出时壮阔非凡的云海，并将这少有人有机会目睹的美景分享到网上。他注册了一个抖音账号，经常把自己在佛爷顶拍摄的天气奇观分享到上面。“希望大家都能看到。”韩文兴说。

32 年过去，孤独起初是一种折磨，后来成了一种习惯，如今又升华成了一种生活方式。常年离群索居，韩文兴已经适应了这样的生活，也并不想换到局里去坐班。

“在山里待惯了，去局里坐着值班，觉得别扭。人太多了，不如在山里待着自在。”韩文兴坦言，有一次，自己被邀请去作报告，面对台下的人群，紧张得腿直哆嗦，觉得实在不适合自己。

佛爷顶的工作磨炼了他内向沉稳的性格，这性格也成就了他的坚守。换班到山下的时候，他也很少去人多、热闹的场所，大部分时间都用来陪伴家人，稍稍弥补平时不能随时在身边的亏欠。

一番见证：从人工观测到全面自动化

忙碌在日复一日的工作中，人们往往不能认识到，自己见证了怎样翻天覆地的变化。韩文兴也认为，自己做的只是平凡的日常工作。但穿越 32 年的时光望去，他已经用亲身经历，镌刻下气象观测历史上具有划时代意义的变革——地面气象观测全面自动化。

回望当年，初到佛爷顶的韩文兴，身边总是少不了几个“老伙计”：观测薄、铅笔、自记纸、电报机、算盘、蒸发秤、纱布、蒸馏水……每一件老物件，其实都是人工观测在历史上留下的深刻印记。

在样样要手动的人工观测时代，观测员是典型的劳动密集型工作，巡视仪器是件名副其实的体力活，要做的工作异常繁琐：注意湿球纱布是否清洁、水杯中的蒸馏水还够不够用、自记笔是不是缺墨，自记钟有没有正常运转。确保这些都正常之后，再用笔把温度、湿度、气压、风速、风向等一项项监测数据逐一记录在小笔记本上，记录完了，再回到屋里发报。一遇到大风、闪电、冰雹，更是时时刻刻都在担心仪器设备出现故障。

穿梭在观测场和业务用房之间，韩文兴把笔记本、铅笔、量尺这些陪伴他的“老伙计”小心翼翼地放在怀里或者腋下。“宁可我自己淋着，也不能让它们有破损，就靠这几样记录观测数据呢。”

为了保证准确、统一标准，观测数据的时次是雷打不动的。08 时、14 时、20 时，有时还会在 02 时加密一次，韩文兴外出观测的时间也就必须与此吻合，不能因风霜雨雪而稍有延迟。

1993 年的一个雨天，天空中闪电一道又一道划过，震耳的雷声在头顶不断炸响。眼看观测时间就要到了，韩文兴看看天，咬了咬牙，披上雨衣冲进了观测场。此时，一个闪电击中了他身边不足 3 米处的一个百叶箱，他甚至闻到了烧焦的味道，手中的铅笔也掉在地上。惊魂未定的韩文兴连忙捡起笔来，强撑着完成了数据记录。回到屋里，与死神擦肩而过的韩文兴瘫坐在床上，好久才缓过神来。

夏天的雷雨是精准打击，冬天的大风和雾则是无差别攻击。“军大衣都抗不住大风，裹着大衣出去一圈回来心口都是冰的。”韩文兴描述着每年冬天都会遇到的情景，“起雾的时候，就算坐在屋子里也是朦朦胧胧的，从山下看我们就是在云里，根本无处可躲。”

在艰苦台站，观测员这样的辛苦工作，几乎避无可避。直到自动化观测的大潮袭来，一切渐渐发生改变。

“各个气象观测仪器都逐步自动化，人工的逐渐减少了。先是安装了自动化的仪器，我们人工平行观测，平行观测两年以后，观测以自动为主、人工为辅了。”韩文兴见证了从测试运行，到平行运行，再到自动为主的全过程。

2020 年 4 月 1 日，全面自动化的时代来临了。

经过前期试点运行、全面试运行两个阶段，从这一天起，我国地面气象观测实现全面自动化，观测频次比人工观测约提高 4 倍到 8 倍，数据量比人工观测约增加 10 倍；观测数据传输用时由分钟级优化至秒级，到报完整率达 99% 以上，传输频次从 5 分钟提升至 1 分钟，数据传输频次与效率大幅提高。韩文兴的“老伙计”们也随之退出观测历史舞台。

坚守在山顶的韩文兴，很难感受到这些统计数字上划时代的改变，但他能够从身边的变化，体会到某些更加直接的东西：相比人工时代，佛爷顶站上的观测设备来了一次大变样，崭新的自动观测仪器和作为备份的人工观测仪器并立在一处，似乎在默默诉说着沧海桑田。他不再需要为了不错过观测时次，把生物钟调节得如同闹钟般准确，取而代之的，是每天的仪器巡检，以及盯紧业务平台和观测软件上的自动站数据，做好气象数据质量控制。

如今的佛爷顶，人工值守的观测任务已经大幅减少，包含风速、风向、降水等在内的 14 项气象要素数据全部实现自动化采集和实时传输。人工定时观测和人工发报基本取消，只保留雨凇、雾凇、积雪、雪深、最大冰雹的直径等 5 项人工观测项目。观测业务的工作量显著减少了，仪器设备越来越精密，运行越来越稳定，极大地提高了观测频次，节省了人工，提高了效率。

工作量大大减少了，韩文兴觉得“精神压力明显减轻了，不用时时惦记着要卡着点定时观测和发报了。”但他并没有觉得身上的担子变轻，因为新的自动化观测模式对观测人员综合业务能力的要求明显提升了。

“过去用纸笔记录，现在是自动化观测，但数据始终是气象工作的生命线。数据记得准，天气预报才能准。要搞明白设备的工作原理，比以前更难了。站里还是一个人值守，需要具备故障判断能力和基本的维护维修能力。”

韩文兴说，设备自动化了，但维护维修还是离不开人，只有保障好观测设备的正常运行，才能保障观测数据的稳定可靠。为此，他主动自学了自动化设备的维修保养知识。50 岁的人，学习起新知识，自然不像年轻时那样容易，但他仍然尽量把空下来的时间都投入进去，一点一点“啃下”这些知识。如今，设备有小的故障，他也能做到及时处理。

今天走进佛爷顶，人工观测时代留下的痕迹已经不多。韩文兴把过去站里用过的观测日志一本一本仔细整理好，整齐地码放在站里的书柜中，加起来有将近一米厚。虽然工作中再也用不上这些小册子，但它们仍是一段漫长历史最直观的见证。那一页又一页有些泛黄的纸张，不仅记录着佛爷顶的日日夜夜，与山间天气的变化万千，同样也记录着韩文兴和他的同事，流淌而过的生命之河。

一些感悟：把坚守的意义融进生命

2020 年 11 月 24 日，全国劳动模范和先进工作者表彰大会在北京人民大会堂隆重举行。韩文兴出席会议，领取了全国先进工作者奖章。

从人民大会堂到佛爷顶，有 120 千米路，开车需要 3 个多小时。领完奖的第二天，韩文兴就回到了佛爷顶，又开始了日常的值守。

对于这项分量极重的荣誉，韩文兴有些不好意思：“这个奖不是我一个人的，是鼓励我们气象工作者的。”

他并不觉得，是这份荣誉赋予了他数十年如一日的坚守以意义。恰恰相反，坚守的意义，早已在每一个默默奉献的日子里，融进四肢百骸，融入每一次呼吸，融入每一次举手投足间。

韩文兴参加社区防疫（摄影：闫满仓）

“咱这边是北京的西北大门。”韩文兴说出这句话时，眼神中写满了自豪。这是登上佛爷顶之初，他对这里最初的理解，同样也是坚守多年后，他对这里最大的眷恋。换言之，把守好北京天气系统的西北大门，正是韩文兴32年未曾改变的初心。

这简简单单的一句话，赋予了韩文兴莫大的自豪感，又从自豪感生长出坚守的责任心。

责任心体现在哪里？在工作生活的种种细节里。不漏记一次数据，听起来简单，一天做到也不难，但坚持32年，又谈何容易。只有充分了解韩文兴工作的点滴细节，才能找到不出错、不漏记的原因何在。

在这些细节里，有细心：站里的观测设备，韩文兴都当成孩子一样悉心呵护。冬天里，有时候风塔上的风速仪会被冰雪冻住，转速变慢，韩文兴能够从数据的变化中察觉异常。站里起初没有安全绳，韩文兴自己做了一个钩子，拴在腰上，另一边挂上一瓶热乎的矿泉水，手脚并用爬到十来米高的风塔顶端，用热水一点点将坚冰融化。

有耐心：2012年11月3日至4日，延庆地区出现自1960年以来最大暴雪。“每隔一小时就要出去用量尺测量一次积雪深度，拿着笔在本子上记下来，定时把观测信息传给山下。”从房屋通往观测场近 60 米的小路上，积雪 34 厘米至 40 厘米，韩文兴一天往返十几次。

有恒心：在站里时间久了，韩文兴逐渐意识到，自己的工作并非简单的重复，日复一日锱铢积累，自有其深远意义。“专家说了，北京市很多气象站周围环境都变了，佛爷顶从建站到现在周围环境都没变，资料保存完整，对气候研究很有意义。”

坚守的时间久了，就算在休息时，韩文兴也总挂心着站里，总不能卸下肩上的责任。表面上，韩文兴的生活山上山下各占一半，均匀等分，但实际上，投入到山上的心思总是更多些。有时下山休息，午夜梦回，会梦到自己到站里值班迟到了，半夜惊醒，吓出一身冷汗。

对韩文兴的妻子耿翠秦来说，丈夫一年有一半的时间在佛爷顶度过，更多的家庭重担就落在了她的身上。韩文兴在山上坚守，妻子则在家中坚守，她的鼓励和支持给了韩文兴继续工作下去的动力。他坦言，军功章有“我的一半”，也有“家里的一半”。

近年来，多项重大活动在延庆举办，这给原本寂静的佛爷顶添了几分喧闹，更给韩文兴的初心赋予了更加厚重的意义。

2019 年，中国北京世界园艺博览会（以下简称“世园会”）在延庆举行。从演练阶段到闭幕，持续 180 多天，韩文兴每天从早上 6 时开始，负责向市气象台、世园气象台作观云解读。每次降水、雷暴、大风天气过程，韩文兴都从头盯到尾。

世园会是延庆承办大型活动的一次预演，更加紧要的“重头戏”无疑是 2022 年举办的北京冬奥会。对于这场家门口的冬奥会，韩文兴充满期待，也深知责任在肩：“工作要更加认真细心，一点错误也不能出。”

北京冬奥会申办成功后，海陀山成为场馆建设核心区，这里山高林密，保存有完好的原始次生油松林，是北京周边地区最完整的自然生态系统。冬奥会筹办初期，海陀山还没有建设自动气象站，缺少历史气象数据。距离海陀山较近的佛爷顶站的海拔和高山滑雪赛道的终点高度位置差不多，比雪车雪橇场馆的高度稍高一点，韩文兴常年积累的历史气象资料数据就成为这些场馆设计的重要气象依据。

韩文兴在海陀山检修仪器（摄影：王猛）

此外，海陀山需要从零开始建设观测系统。韩文兴凭借多年的山地工作经验，奋勇当先投入到核心区的气象探测系统建设、巡查维护中。海陀山比佛爷顶高出 1000 米，直达山顶的 10 多个气象站需要人工逐个测量蓄电池、更换存储卡，巡查运行情况，往返一趟就是 10 多个小时。但为了采集宝贵气象数据，他毫无怨言。

在冬奥测试赛期间，暴雪、沙尘、寒潮、大风等多变天气轮番登场，考虑到天气复杂时气象台缺人手，韩文兴放弃休息，参与到应急服务保障中。“一想到自己的工作确保了测试赛期间佛爷顶气象数据准确、完整，为冬奥会气象服务保障工作尽了一份力，更觉得自己的工作很有意义。”

2022 年 2 月 3 日，韩文兴作为气象行业优秀的劳模代表，成为一名光荣的冬奥火炬手，参与了冬奥会火炬在北京延庆世界葡萄博览园的传递，穿梭在科普馆、冰场、雪地嘉年华等百姓休闲场所，将奥运精神传递到更多人身边。

韩文兴参加火炬传递

火炬手虽然风光无限，但韩文兴更在意的身份，则是作为冬奥气象观测队伍中的一员，参与外围服务保障和城市运行保障工作。冬奥期间，降雪天气不少，韩文兴紧盯着业务平台和观测软件上的自动站数据，做好气象数据质量控制，确保气象观测数据准确、不断。

2022 年 2 月 20 日，北京冬奥会闭幕式举办当天。晚上 8 时，伴随着电视传出来的闭幕式开始的乐曲声，忙碌了一天的韩文兴，一边紧盯着电脑屏幕上实时滚动记录的各项气象数据，一边赶紧吃了两口刚热好的饭菜。

这已经是韩文兴在山上待的第 15 天了。本来，他和另一位同事每周轮班一次。但因为 2 月 12 日北京的一次大范围强降雪天气，导致大雪封山，加上赛时气象加密观测任务繁忙，韩文兴便申请了延期下山。

临近晚上 10 时，室外温度已经降到了零下 14℃。韩文兴披上军大衣，拿起探照灯，迎着呼呼的北风，顺着台阶来到观测场，进行一天中最后一次的巡检。

值完这一天班，紧张忙碌的冬奥特别工作状态就将宣告结束。但属于韩文兴自己的坚守之路，还有很长、很长。

“只要山上需要我，我就继续守好这个站。”韩文兴说，把设备看好，把数据管好，选择高山站，没什么后悔的。

32 年的时光，让初到佛爷顶时 21 岁的“小韩”，慢慢变成了“韩哥”“韩叔”乃至“老韩”。佛爷顶国家气象观测站也从人工观测时代，走进了全面自动化的新时代，业务用房从简陋的三间小房，整修成蓝瓦白墙、设施齐全、窗明几净的新房子。

“我们为天气预报提供准确的数据。天气预报准确了，人民的生活出行都方便了。所以我付出的一切都是值得的。”说起这 32 年工作的意义，韩文兴的话语，如同平常一样，简单、朴素、真诚，充满力量。

世事如沧海桑田，一颗初心却始终不变。从韩文兴的身上，我们可以看到，时间并非单调的数字，它的每一年、每一天、每一分、每一秒，都有生命作为厚度，默默丈量。

魏瑞江

魏瑞江，女，汉族，1966 年 4 月出生，中共党员，河北省气象科学研究所正高级工程师。35 年来，她扎根业务一线，围绕河北省粮食安全和设施蔬菜生产气象保障，针对农业生产中存在的气象问题和气象业务中的技术问题持久攻关，提出多项农业生产和气象业务服务建议促进农业丰产增收，是河北省气象与生态环境重点实验室学术带头人、全国农业气象专家组成员，先后获评河北省政府特殊津贴专家、中国气象局首席气象专家、全国五一巾帼标兵、全国先进工作者等称号。

魏瑞江

与农民的脉搏一起跳动

《中国气象报》记者　刘倩

小满将至，麦穗微饱。正是燕赵大地冬小麦灌浆盛期，是决定小麦粒重、产量高低的关键期。

魏瑞江一早来到藁城区的麦地，折下一株青黄麦穗，放在手掌间来回揉搓，轻轻吹走麦壳，捏捏麦粒的饱满度，扔到嘴里慢慢咀嚼，嚼出一口清甜。

最重要的是，她要看看今年麦穗上有多少籽粒，籽粒灌浆是否饱满，以及小麦生长发育与气象条件的吻合程度。

风雨赶路人

河北省气象科学研究所正高级工程师魏瑞江没事就往田间地头跑，农田是她的另一间办公室。在同事看来，“她不在办公室，就在田间，不在田间，就是在去田间的路上”。

这条去往田间的路她已经走了35年，足迹踏遍星夜阡陌、田埂河道，身影遍布于各种交通工具——

按照农业气象观测规范，每旬逢8测墒。20世纪80年代的一天，魏瑞江骑上自行车到试验田测量土壤墒情，骑行速度虽慢，但可以一路留心农田。单车一支，一头扎进田间，察看农作物长势，与农民交流，了解农业政策，聆听农民对气象服务的需求。试验田里，她蹲下身子，拿出土钻，将不同深度的土壤样本放入样本盒。

20世纪90年代，随着一声引擎的轰鸣，魏瑞江与同事跨上摩托车，一溜烟蹿上马路，目的地是栾城的麦田。这一次她要下田观测冬小麦千粒重。拐入小径，溜上田埂，长时间骑行，一路颠簸，她的皮鞋被车轱辘磨损了，脚后跟也磨破了。

焦急等待，耐心守望，拖着长长绿皮车厢的火车驶进车站，"扑哧扑哧"喘着粗气，一路向东，这一次魏瑞江要赶去衡水。两小时后，再换乘电动蹦蹦车来到河北省农林科学院旱作农业研究所的试验点观测。

如今，魏瑞江坐上了汽车，这次她要去清河温室试验点观测蔬菜的生长情况。但不巧碰上了大雾，同事劝她，"等雾散了再去吧"。可她却认为，越是极端天气，越要去观察作物的生长情况和受气候影响情况。

那天的雾特别大，能见度不足5米。原本两小时的车程，他们开了近6小时。

非去不可吗？"不去怎么知道它的变化呢！"魏瑞江用孩子打了个比方。每一株植物都是一个活生生的个体，作物就像小孩子，一天一个样，有的个子高，有的个子矮……它们有自己的性格，会变化，会生长。

固然农业气象站可以提供温度、湿度、光照等数据，"但作物的生长情况怎样，还是得亲眼去看看心里才踏实。"

大豆开花、玉米抽雄、小麦拔节，无论哪个农时，田间都能看到魏瑞江的身影。"有风吹草动，便踏上去农田的路"是她一贯的工作状态，"深入田间地头，才能摸清实情"是她坚持的工作原则。

那些奔波在路上的日子，什么样的天气都遇到过。2009年深秋的暴雪、2010

年春季的持续低温、2013 年 4 月的冻害、2015 年秋冬季雾 / 霾、2016 年 7 月的洪涝、2018 年的连续高温、2021 年的秋汛……

“我的工作环境就是这么特别。”40 ℃的夏天穿过密不透风的玉米地，冬天温室内外温差 40 ℃，“这都不叫事”。

脚踏泥泞，俯首躬行。魏瑞江的广阔天地，在路上，在农田。一个在农田间来回穿梭的身影，正从广袤田野走来——

农民的女儿

谈及与土地的缘分，在魏瑞江看来，是刻进了骨子里。她生在农家，长在乡村，七八岁便跟着父母除草、逮棉铃虫……家里的玉米正值大喇叭口期，生了钻心虫，她自告奋勇，挎上篮子便钻进一米高的苞米地里打“碎石子药”。

但有时刚打完药，紧接着一场雨，一上午又白干了。她心想要是能提前知道天气就好了，下雨我就不打药了。当然她也会利用雨天“偷懒”，在雨后撒施尿素，农田里既有水又有肥，省了再浇水。

这也让她明白，“地里时时刻刻需要人管”。春天播种施肥、夏日灌溉收麦、秋天翻耕备种、冬天休养生息，四季更迭，地里总是离不开农民的辛勤耕耘与精心管护。所以，只要把家务农活派给魏瑞江做，她便有了惯性，或者说是家庭责任，做饭、挡鸡窝、扫院子……母亲说她“是家里最小的孩子，也是眼里有活儿的孩子“，但魏瑞江却认为，每天的活儿都在那儿摆着，自己干理所当然。

那时候的学生每年有四个假期，除了寒暑假，还有农忙假，即在麦收和秋收时节放的假，其中夏收被称为“麦假”，学生统统放下书包，回家帮大人干活。小一点的时候帮着烧水、送饭、拾麦，大一点便跟着父母去地里割麦子。

收下来的麦子，需放到场院里晾晒。这时候，要把麦子摊成薄薄一层，犁成一垄一垄，过会儿就翻一翻，越是中午日头最大的时候，越是要抓紧晾晒。

然而，盛夏炎热的午后极易发生强对流天气。一次，魏瑞江邻居家的麦子正在房顶晾晒，突然间被一层厚厚的乌云笼罩，黑云压境，看来一场大雨必不可免。她跟着父母赶去帮忙，把麦子装袋运下来。刚搬进屋，大雨倾盆而下。一场疾风骤雨瞬间让院子积水成池塘，是父亲弯腰背起她蹚水回的家。

那天，父亲宽厚的肩膀让她莫名的踏实。但大人们看见雨来了的焦灼与无助，也印在了她的脑海里。

看着父辈面朝黄土背朝天，土中刨食的艰辛，风调雨顺时，收成还好点，如有大灾，颗粒无收，农民靠天吃饭，不易。这也让农村的孩子更有毅力背负起远大的理想。从那时起，魏瑞江下定决心，要学好知识，回报养育她的这片热土。

知农爱农，方能学农。当高考完第一次听到农业气象专业时，她找到了心中所属，坚定地将第一志愿填报了南京气象学院（现南京信息工程大学）农业气象专业。“让农民种地收粮不犯愁”是她心里最有价值的工作。

1988 年夏天，南京连日出现持续高温天气，诸多高等院校提前放假，期末考试延迟至秋季开学后。正在读大三的魏瑞江自愿留校复习，那时没有空调，头顶上是呼呼转动的风扇，班上只有 3 个人在教室挥汗如雨地复习，这 3 个人均来自农村。他们的想法很简单，多学一点，也许就能帮农民多分忧解难一点。

1989 年，魏瑞江大学毕业便被分配到了邢台市南宫县气象局。

南宫是全国棉花主产区之一，素有“冀南棉海”之称。作为农村孩子，有了一技之长，就想真正为农民做点实事。她骑上自行车，到田里与农户一起打棉花叉、采棉花。

刚开始，没人搭理这个说着普通话的小姑娘。魏瑞江大方地自报家门：我是气象局的，然后一头扎进农田里，边聊边干活，讲小时候抓棉铃虫的经历，念叨学校里学到的农业知识……自此，这个小姑娘成了农民的农活“搭子”，她也观测到了棉花、玉米、小麦的生长规律，更了解到了农户真实的服务需求。

走到哪里，魏瑞江便与当地农民交流到哪里。

“所以，她的农民朋友特别多。”原河北省气象工会工作委员会常务副主任胡晓蓉说，全省各地从南到北、从东到西，什么时间播种哪类作物，什么时候收获，她了如指掌。作物每一个生长发育期需要什么气象条件……只要农民朋友有疑问，她都能对答如流。

“时刻要把农民放在心头。”因为魏瑞江心里装着农民，用技术服务农民，所以她的一言一行，都在考虑农民。

城市里长大的河北省气象科学研究所高级工程师王鑫，感叹自己还是办公室坐久了。在一次次与魏瑞江深入农田服务调研时，深为她“农民女儿”的本色所感染。在田间地头观测时，她时刻提醒大家，要珍惜农民的劳动成果。“庄稼是农民的宝贝，不要踩到庄稼，尽量踩田垄。”

有时服务或调研工作告一段落，准备离开时，淳朴的农户会从自家温室或大棚中拿出一些瓜果，热情地递给他们尝尝鲜。这是农户们辛勤耕耘后的重要收成，也是家庭生计的一部分。“农民赚钱不容易，不要占农民的便宜”，魏瑞江反复强调。

于是，每当这个时候，便会上演一场略带“狼狈”的小插曲。农户们坚持要递几根脆生生的小黄瓜表达感激之情，而他们则一次次婉拒，推推搡搡间，只能匆匆蹿上车，逃一般地离开那片充满温情的土地。

智农工具包

2009 年 11 月初，一场大雪突袭河北。而当时，魏瑞江正在北京参加在职研究生的学习。学习一结束，她立刻往回赶。离石家庄越近，雪就越厚，魏瑞江的心也就越沉。尽管人们常说：今冬麦盖三尺被，来年枕着馒头睡。但是这么厚的雪压下来，麦苗无法呼吸，苗情肯定会受到影响。

她与同事一道顶着刺骨寒风，冒着漫天大雪，艰难地跋涉在田间地头。每到一处，她都把自己的手机号码提供给当地农民，嘱咐农民随时联系并加强沟通。

因遭受持续雨雪、低温危害，春季河北冬小麦出现了 30 年最差苗情。魏瑞江前后去地里 20 余次，白天动态跟踪冬小麦灌浆状况和田间小气候，晚上加班写专题报告。

通过调查，魏瑞江惊喜地发现，虽然冬前暴雪和春季低温造成冬小麦亩穗数减少，但春季低温相对延长了小麦穗分化时间，利于小麦穗粒数增加，同时灌浆期间天气条件好转，且各地加大田间投入，小麦灌浆饱满，相对挽回了产量。

这场灾害有惊无险，但是有一件事却被魏瑞江记挂在心上。

在她看来，农业气象的核心就是核定气象条件对农业的影响，什么是有利气象条件，什么是不利气象条件，遇到怎样的灾害，影响多大。

魏瑞江察看倒塌的温室

但那时，气象对于农业的影响表述比较含糊。

冬小麦的生长发育、产量形成离不开光、温、水，光、温、水数值的高低直接决定了冬小麦生长发育的适宜程度。在评价气象条件是否利于冬小麦生长发育的过程中常用“利于”或“不利于”，但影响具体有多大，适宜度是多少，无从得知。

“利于”或“不利于”是一个模糊概念，两者之间找不到明确的边界。而从“利于”到“不利于”其实经历了从量变到质变的连续过渡过程。

所以，这种定性说法，农民听得懂吗？是不是可以研究一种方法，定量评价气象条件的适宜程度，让气象服务从定性化表述走向定量化评价，这便是魏瑞江最初的想法。魏瑞江翻阅大量文献，从模糊数学得到启示，发现用关键气象因子的气候适宜度来衡量比较可行，“气象条件定量评价模型”的雏形概念初步形成。量化后的利于与不利于被转化为 0 至 1 之间的数据值，低于 0.3 是不适宜，高于

0.7 是适宜，中间属于较适宜，这是最初的三个等级。

那如何验证该模型准不准？魏瑞江几乎走遍了河北农作物主产区，与技术员、农民交流，听他们的见解。但还需要用数据说话，她找来往年气象数据与实际农田情况一一代入模型验证。

2001 年 5 月中旬，河北出现重度干热风天气，正值冬小麦灌浆关键期，小麦受害后一般会减产 5% 至 10%，严重时可减产 20% 以上。模型计算出来的结果与实际情况一致，魏瑞江觉得自己是“发现新大陆了”。

为使定量评价方法投入业务应用，她又自学计算机编程。虽然只是搭建一个系统小模块，但是指标是什么？数据从哪取？怎么填全省气候适宜度分布图？“对我真是一个挑战。”不会就去大学旁听，不懂就请教高手，最终由她编写的 8000 余行程序，实现了从资料读取到定量计算再到结果输出的自动化。

2024 年 3 月 22 日，魏瑞江在河北省邯郸市察看冬小麦返青状况及苗情

2021 年 3 月 9 日，魏瑞江在河北省新河县，联合市县气象局业务人员，察看冬小麦返青和长势状况

2021 年 9 月 30 日，魏瑞江赴河北省宁晋县农田察看降水对秋收的影响

河北是严重缺水的省份，农业干旱是制约粮食生产的重要因素。多年来，大水漫灌的粗放型灌溉方式使用水这一项开支占了小麦总收入的30%至40%。

与此同时她发现，河北三大农作物小麦、玉米、棉花，对光照、降水、温度等气象要素的要求精细度较高且各有不同，如小麦对温度的需求和棉花对温度的需求不一样。“如果能针对不同作物计算气候的适宜度，那对于该种作物的影响是不可估量的。”

想到就去做到，魏瑞江在气象条件定量评价模型基础上，又研发出河北省农作物气候适宜度判定系统，并组织技术团队在综合分析气象条件、土壤墒情和小麦发育指标的基础上，首开冬小麦灌溉量预报服务先河。

她的农民朋友们都说，水用少了，粮收多了，科学灌溉不再害怕耕地受旱了。

这项省级课题虽已结题，但她还是想把定量评价成果凝练成标准——小麦、玉米、水稻、棉花等作物全国通用的行业标准。她开始联合黑龙江、湖南、新疆、江苏等省（自治区）着手全国指标验证工作。其间，她要起草编写征求意见稿，逐条解答几百条意见。随着关注的作物、范围不断扩大，工作量激增、超出预期，工作进展不得不拉长，但她没有放弃，“我咬着牙坚持完成了，再难也不会做不完，这不是我的风格。”直至2023年7月1日，凝聚着魏瑞江心血的《农作物气象条件定量评价技术导则》气象行业标准正式颁布实施。

温室里的“厨师”

40多年前的冬天，北方老百姓的餐桌上，萝卜、白菜、腌菜是历久未变的旋律。如今，北方冬春吃菜不再是难题。

从够吃，到吃够、吃得更好、吃得健康，变化的背后是北方设施农业的从零星分散试种到集中连片发展的支撑。

1988年，我国开始推出“菜篮子”工程，设施蔬菜是工程的重要内容之一。

虽然设施农业投入大，但收入高。相比大田农业，它一定程度降低了传统农

业“靠天吃饭”的不确定性。一时间，日光温室在燕赵大地如雨后春笋般涌现。

石家庄高邑县的朱大叔老两口是种菜的“好把式”，但大棚蔬菜种植却让朱大叔一家尝尽了酸甜苦辣。按照传统经验种植，温室里的蔬菜常常出现刚挂果，叶子不知什么原因发霉了，鲜嫩的黄瓜很快烂掉，喷药施肥后又出现秧苗疯长，却不挂果实的怪现象，这些损失着实让朱大叔和周围的农户困惑不已，他们找到了“老朋友”魏瑞江。

这着实把魏瑞江问住了，一时间竟不知如何解答。

大自然每年都一样吗？气候在变化，农业种植制度、生产方式在改变，现代农业需要更精、更细、更准的气象服务。既然发现了制约农户致富的瓶颈，“不知道就得去研究啊”，不曾想，这一研究就持续了二十余年。

在自然面前，人类始终面临的是巨大的未知、不确定和时刻发生的动态变化。这固然有时让人头疼甚至害怕，但它或许也是农业气象研究最迷人的地方。

魏瑞江面对的第一个难题便是缺乏温室小气候数据，此时国内设施小气候观测仪器研制尚处于起步阶段，几乎没有任何经验可循，她便开始连续观测日光温室小气候和黄瓜生育状况。

“农业气象的复杂就在这里，要考虑两种情况。”既要遵循天时变化，又要把准农田命脉，她把这份工作比喻为“厨师”，光看火不看锅，光看锅不看火，都做不出菜。

先从“火候”入手——

设施内的小气候受设施外温度、光照、降水等气象因子影响，这些因子的数量或强度及其组合构成了农业气候资源，它关系到设施农业种植时间、茬口安排、农产品品质等。

随着各地设施种植种类也不断多样化，且设施小气候的相对封闭性及其与外界大气候的依变关系，决定了设施内小气候的多变性及致灾的复杂性。同时，部分区域盲目发展扩大种植规模，设施蔬菜生产常常因各种极端天气而导致减产或绝收。

魏瑞江的研究发现与农民的认知大相径庭，原来设施农业受大风、强降雪、低温寡照等灾害性天气的影响较大，并没有脱离“靠天吃饭”。其中低温寡照灾害成为影响河北设施农业的主要灾害。

由于地理位置和气候特点原因，河北省尤其中南部地区在秋末至春初时节易发生连阴（雪或雾或霾）天气，致使日照偏少或无日照，造成日光温室内温度偏低，温室内环境不能满足蔬菜生长发育，给日光温室蔬菜生产带来影响，造成蔬菜减产甚至绝收，即造成低温寡照灾害。

“在日光温室兴起前，低温寡照不是灾害。”它是随着设施农业的兴起而出现的一种农业气象灾害，“它的出现不动声色。”

再盯紧温室这口“锅”——

要了解蔬菜是怎么长的，魏瑞江选择先研究黄瓜的生长规律。黄瓜是中国日光温室普遍种植的蔬菜之一，且种植面积较大，其生长发育与温室小气候紧密相关。

第一次试验她把黄瓜种在了花盆里，但奈何它的根系庞大，会通过排水孔钻进地里，且与温室长大的黄瓜完全不一样。

第二次试验地点选在了朱大叔家的日光温室里，魏瑞江把温室切割成方块，用塑料布区分各个试验区，模拟出不同温度对黄瓜生长的影响，但密封性不好，导致试验数据没有参考价值，又失败了。

做探索性研究的感觉，就像是在黑夜当中摸索。面前是一片迷雾旷野，不知道研究方向是否正确，不知道要耗费多少时间，甚至不知道最后能不能做得出来。

魏瑞江只能不断尝试。“我的江是三点水。水是什么，水在哪里都能渗透，适应能力强，也就是顽强。”

这一次她选在了在温室内架设一个黄瓜观测仪，仪器夹子的感应片可监测其直径动态生长情况。四五天黄瓜便长成，可魏瑞江满心欢喜去温室，黄瓜竟长成了“亚葫芦”，直径监测数据是一条直线。原来，黄瓜长得快，没有及时调松夹子导致黄瓜表面的凸刺被剐蹭，黄瓜停止了生长。

“太费心了，现在回想再也不想做了。”魏瑞江历经 2008 年至 2011 年四年八茬，磨合仪器特性的同时，每天惦记着这“金贵”的黄瓜，夹紧了不行，太松也不行。

期间，河北中南部地区遭遇了暴雪、长时间的低温寡照等灾害，她从观测试验中发现 11 时前黄瓜生长量最少，17（或 18）时最大，这与温室小气候变化相符合，因为上午温室内二氧化碳相对匮乏，直到 11 时温室通风，才得以补充；一根黄瓜生长的生长期天数差异较大，但需要的 15~35 ℃有效积温是相对稳定的，为 110~130 ℃ · d。

魏瑞江（左）采集设施小气候数据

这其中还有一次令她意外的感动。

2009 年一场大雪，压塌了无数个钢管支撑的温室大棚，但独独没有压垮朱大叔家的。“那么贵的仪器压塌了，浪费！”朱大叔老两口两天两宿没回家，在大棚里守着魏瑞江的仪器，温室棚顶上一个人推雪，下面一个人扫雪。“我的损失倒是无所谓，怕你们损失太大。”可敬的人，暖心的事，总是一脉相承。

两年的时间，让她摸清了日光温室小气候时空变化规律，得出“河北中南部地区是低温寡照灾害高发区域、冀东地区发生风险较小”的结论，建议对热量和光照要求较高的果菜类日光温室向冀东地区发展，还找出了设施蔬菜发生病虫害的致灾气象原因与灾害指标。

此时，魏瑞江的思考走向更深处——

怎么减少低温寡照对温室的影响？她从几百万个数据中凝练出了低温寡照及

其复合灾害指标和预警指标，建立了低温寡照灾害风险评估模型，确定了低温寡照灾害风险阈值，对河北省低温寡照灾害进行风险区划，建立的“日光温室灾害预警预报服务平台”在省内外气象部门推广，提高了全省设施农业气象灾害预警预报服务水平，每年减轻农民受灾损失数千万元。

温室种植怎么管？她根据温室内热量状况，提出不同阶段不同的管理建议，建议在热量充足阶段，管理上应着重挖掘蔬菜生长发育潜力；在热量较充足阶段，应着重防灾减灾措施的实施；在热量欠充足阶段，应改良种植茬口，在冬季增种一茬叶菜，有效提高了温室种植的生产效益。

温室怎么建？多年前，河北省的日光温室大多是土墙结构，顶部覆盖着保温膜，“土墙温室具有造价低、省人工的特点，但是如果遇到夏天暴雨冲刷，墙体非常容易倒塌。”为避免事故发生，河北省农林科学院建造了一种试验用的砖墙温室，稳固效果大幅提升，但是保温效果和增温效果跟土墙温室相比有哪些不同却无从知晓。

河北省农林科学院找到魏瑞江，希望她能够帮忙解决。“同一种温室里，不同位置的温度是不一样的。”魏瑞江说，“比如，白天温室的南部比北墙处温度高，上部比底部温度高，夜间则相反。”为了让对方能够更直观看到温度的变化，她用彩色图来体现不同墙体日光温室增温保温性能差异。

众口不再难调——

厨师做菜不是为了评奖，而是为了让顾客吃得可口。“我们也一样，要搞有用的科研，农民认可才是关键。”

针对藁城日光温室揭草苫过早造成温室内温度下降、清河日光温室冬季过于保温造成春季蔬菜植株早衰等问题一一指正，解决了菜农实际生产中的问题，使他们更加注重管理的科学化。

好技术不能仅仅停留在纸面上，要让农民说好，让庄稼“说”好。在保定市阜平山区，由于传统农业种植形式单一，加上有效耕地少，种植业效益低。

魏瑞江运用农业气候相似分析方法，在阜平山区开展引种草莓的田间试验。由于阜平山区气温低于同期河北平原（以满城县为例）气温，草莓从开花到成熟各发育期均滞后于河北平原，成熟期滞后近 1 个月，可通过错季生产使草莓生产旺季与平原地区错开，生产效益明显高于当地原来的种植方式，经济效益是常规农业种植的 6.3 倍，为阜平找出了一条山区农业气候资源开发利用的新途径，推动了山区农民脱贫致富。

她真正做到了，把论文写在祖国的大地上，写进农民的钱袋里。

科研型业务员

听着魏瑞江讲着她的试验、课题、论文，“您真是一位高产的科研人员。”

她却极力否认，“我不是科研人员，我一直都是业务人员。”她申报的课题、操作的试验、发表的论文全部围绕业务展开。

由于农业的复杂性，各地农业对气象的需求不尽相同，农业气象问题也就不尽相同。在服务中发现问题、申报课题、科学研究、观测试验，再形成论文，最终把成果应用于业务，从而提升服务的针对性、时效性、敏感性，这么多年魏瑞江周而复始地在完成一个个这样的闭环。

自 2003 年起，她研究的“低温寡照对日光温室果菜生产的影响”“太行山农业气候资源开发应用研究”“河北省粮棉气候条件监测评估技术”“华北日光温室小气候资源高效利用技术研究”等课题先后荣获河北省科学技术进步奖。

从第一篇论文刊发至今，平均年产一篇，没有断档过，且多是第一作者。她并非为了评职称而写论文，而是为了解决农业气象实际问题，促使思路严谨、验证观点是否正确的过程。

2008 年，河北省气象局党组出台政策，鼓励业务人员走出去“拜师学艺”。魏瑞江选择攻读兰州大学的在职研究生，主攻农业气象灾害方向，中国气象科学研究院研究员王春乙与兰州大学大气科学学院教授王式功是她的指导老师。多年的沉淀让她的研究生论文查重率为 0。

这些被她认为是给自己找的“副业”。这“副业”也着实促进了她的学术水平，也让她愈发感受到时间的宝贵。这也就导致了她对自己时间的把握和使用，几乎是苛刻的。

“我的时间观念很强。”她的大部分时间都给了工作，包括周末和晚上，但还是觉得时间不够用。她的忙碌，或许有一个原因是，想做的事情还有许多，让人忘记了时间，“不会去考虑吃什么，只要填饱肚子就行。”

因为当工作与爱好重合，便不觉得困倦。

她的家人也早已习惯，几乎是从工作开始，三十多年来，她的作息从未改变：每天早上 7 时 30 分到办公室，下班回了家，脑子里还想着单位的活儿。女儿也知道妈妈很忙，从小便是有事找爸爸，因为她知道，妈妈“有工作要忙”。

夜晚是魏瑞江一天中最喜欢的时刻。当周遭安静下来，感官变得敏锐，头脑和思路变得异常清晰，她觉得也可能是躺下后脑子血液充足，总有一些思想的火花迸发。所以，她的床头总放着一个便签本和一支笔，有想法了随手写下的几个关键字，就是第二天的研究思路。

而元旦至春节期间，是她的成果产出期，年终总结皆已完成，“正是做课题的好时候”。春节家家户户忙于筹备年货，街上处处洋溢着节日的喜庆，但她并未被这些纷扰所动摇，在节日的喧嚣中仍凝神聚气地专注于研究。

她把自己形容为爬坡的人，也更像是一直在运转的机器，“是‘不待扬鞭自奋蹄’的过程”。一转眼，人生中最有创造力的三十年过去了，可一聊起自己的工作，她的眼中又闪动着赤诚的光。这份深情根植于热爱，是对事业由衷的热爱，是刻在骨子里的热爱。

质朴的偶像

初见魏瑞江，她衣着朴素，带着一些方言口音。由于常年奔走于田地间，皮

2019 年 2 月 22 日，魏瑞江带领年轻人赴日光温室察看连续低温寡照对蔬菜的影响

2010 年 5 月 20 日，魏瑞江在河北省新乐县麦田察看小麦灌浆状况

肤略显黝黑。

一个电话打断了访谈，有人来找她咨询设施农业冻害监测与影响程度。别人找她帮忙，她都当成自己的事情去做，“因为谁找我都是对我的信任。”

魏瑞江享受这样的纯粹和辽阔。同行之间，惺惺相惜。而真正喜悦的是，大家把力量汇集起来，这个领域往前进步了。

不久前，一封来自河北农业大学的邮件引起了她的注意。发件人是一位即将前往北京深造读研的毕业生，他的研究方向是设施农业小气候。他提到魏瑞江于 2015 年在《气象》上发表的论文《日光温室黄瓜小气候适宜度定量评价模型》，这篇论文为他的研究思路提供了启发，但同时也坦诚地表达了自己在阅读过程中有一些困惑与不解。“这是对我的信任”，于是，她从理论框架的构建到试验方法的优化，再到数据分析的技巧等方面为求助者提供了细致的指导。

在中国知网（CNKI），魏瑞江的学术影响力得到了充分展现，总发文量达 80 篇，总下载量近两万次。

同样看过她论文的还有承德市生态与农业气象中心工程师薛思嘉，她的硕士论文同样聚焦于黄瓜这一作物，魏瑞江多篇高影响力论文，为她打开了研究的新视野，她将魏瑞江视为“偶像”。

2018 年，薛思嘉入职承德市气象局，恰逢市气象局推行交流学习导师制。当得知自己要成为魏瑞江的学生时，“有一种见偶像的心情”。

她是宽厚的前辈——

让薛思嘉没想到的是，偶像级的人竟如此接地气。手把手教他们在作物的每个生育期如何去观测，如何去与农民沟通，如何用最合适的产量分离方法提高产量预报准确率，适合马铃薯育种的最适用模型是什么……“她仿佛是一本行走的农业气象教科书”，还反复叮嘱他们去农田考察不要要花把式、花架式。

也是负责的老师——

廊坊市气象局气象服务中心副主任、高级工程师张艳艳申请了中国气象局兰州干旱气象研究所的基金项目。每当遇到思路瓶颈时，魏瑞江总是及时伸出援手，不仅条理清晰地阐述看法，还引导她从不同角度思考问题，并逐字逐句修改她的项目书。就这样，项目书来来回回精心打磨了五六次。

最终，她的努力与魏瑞江的辛勤付出得到了回报——项目成功申报。对此，张艳艳总结:“我写得一般，魏老师指导得好。”

她们相识于一通电话。廊坊市气象局开展业务体制改革，决定从日光温室葡萄相关观测业务入手，向设施农业转型。张艳艳内心忐忑地拨通了魏瑞江的电话，希望从享有盛誉的专家那里获取指导。魏瑞江毫无保留地分享阜平错季草莓试验的成功经验，“除了提供技术支持之外，还可以提供资金支持。”魏瑞江的这份慷慨与担当，让张艳艳深感敬佩。

不仅是张艳艳，河北省气象科学研究所高级工程师董航宇遇到难题时，首先想求助的也是魏瑞江，“这样我心里更踏实、更有底气。”

新理论、新理念和新方法分享给年轻人，再指导他们去落地。

尽管身为资深前辈，她始终保持着对学术前沿的无限热忱与不懈追求，每日坚持阅读前沿文献，这一习惯保持了多年。她不仅自己孜孜不倦地吸收新知，更乐于将心得和技能分享给年轻一代，滋养一棵棵茁壮成长的幼苗。

这样低调的一个人，却有众多响亮的荣誉：中国气象局首席气象专家、全国农业气象专家组成员、农业农村部项目评审专家库成员、河北省气象与生态环境

2020 年 11 月 24 日上午，全国劳动模范和先进工作者表彰大会在北京人民大会堂隆重举行。图为魏瑞江在人民大会堂前留影

重点实验室学术带头人、河北省政府特殊津贴专家、全国先进工作者……

同时，她还有一个高产出的工作室——“魏瑞江创新工作室”。该工作室于 2019 年成立，不仅多项研究成果获省部级科技奖励，还出版专著 2 部，制定标准 3 项，发明专利 3 项，在核心期刊发表科研论文 20 余篇，多项关键技术推动了设施农业高效规范化发展，并被评为“省直十佳职工（劳模）创新工作室”“省级创新工作室”。

“魏老师的技术辐射带动能力非常强。”董航宇说。魏瑞江创新工作室先后培养出一批业务扎实、勇于开拓的优秀人才，多人被评为“河北省气象部门首席气象专家”“河北省巾帼建功标兵”。

田间的麦浪翻滚，棚内的瓜果飘香，农民洋溢的笑容，这一切，汇聚成了她内心最简单的愿望——岁岁年年，皆能如此安宁富足。

假　拉

假拉，男，藏族，1965 年出生于拉萨。现任西藏自治区气象台台长，正高级工程师，成都信息工程大学、西藏大学硕士生导师。常年深耕高原天气预报预测技术把关、高原灾害性天气气候研究及气象业务现代化建设工作。入选中国气象局首批“百名首席预报员”。1995 年获得“中国青年科技奖”，1996 年荣获“中国十大杰出青年”称号，1998 年获得国务院政府特殊津贴，2005 年被授予“全国先进工作者”荣誉称号。其科研成果曾获国家科技进步三等奖，西藏自治区科技进步一等奖两次、三等奖两次。

假拉

扎根雪域 把脉天机

《中国气象报》记者　叶奕宏

书山路远（一）

“我的父母出生在旧西藏。”问及小时候的故事，假拉的头一句话实在让人忍不住吃惊。

坐在眼前的人沉稳、平和，眼中没有一点暮气，实在不像一个将近花甲之年的人。但他确确实实出生在 1965 年。

他的父母则生于二十世纪三四十年代——仍处于封建农奴社会的旧西藏昌都地区。

旧西藏时期的拉萨北郊，曾建有一座 125 匹马力（92 千瓦）小水电站，只能为极少数上层贵族供电。后因备品备件和管理技术等原因，在西藏和平解放时，电站已处于停运报废状态，西藏可以说基本无电。为加快新西藏建设，毛泽东、周恩来等老一辈无产阶级革命家作出批示，由中央安排专款并派出工程技术人员进藏，于1956年7月和10月先后建成了660千瓦的拉萨电厂（即新建的夺底电站）和装机容量80千瓦的日喀则火力发电厂（柴油发电机）。

在这一过程中，许多藏民响应号召奔赴拉萨，想为新西藏基础设施建设贡献一份力量，其中就有假拉的父母。他们被安排在“七一农场”。

提起“七一农场”，拉萨人都不陌生，那里瓜果飘香，蔬菜品种丰富，更是购买花卉、盆栽的好地方。当然外地人去了可能找不着，因为这里已经更名为“蔬菜研究所”，是自治区农牧科学院下属单位。

二十世纪五六十年代的西藏，农耕粗放，畜牧业原始自然，传统民族手工业起步艰难。为了改变这一状况，解放军根据中央政府定下的“进军西藏，不吃地方”的政策，和人民群众一起，建成“七一农场”。

而建设这一农场，不仅仅是想为拉萨人民提供稳定的粮食蔬菜供应，也想研究在高原气候条件下如何更好地种出更多品种的粮食和蔬菜。因此“七一农场”也被看作西藏现代农业发展的摇篮。

正是在“七一农场”，假拉降生了。

旧社会的困难，父母并未跟假拉详述，让他们耿耿于怀的只有一点：没有文化。

在旧西藏，接受教育是上层贵族和少数僧侣的特权，普通群众根本没有识字读书、接受教育的权利。因此和平解放伊始，假拉的父母虽然能说藏语，但不识字更不会写，尽管后来自学了一些，但仍然远远没有达到他们期望的水平。

或许正是因为这一执念，他们对独子假拉的教育十分看重，在他五岁时便将他送进了“七一农场”的子弟小学。

由于年纪小，又不懂汉语，假拉第一学期考试得了零分。当他仍像往常那样高高兴兴地回到家里，递上考卷时，母亲看看那个刺目的零分，用一种复杂的眼神看他——那眼神给了假拉巨大的震动。他开始只是感觉到其中沉重的分量，后来终于在漫长的岁月中逐渐读懂其中的哀伤和希冀：我没有读书的权利和机会，但是你不一样，要好好珍惜，做一个有学问的人，做一个对社会有用的人。

"做人要做好人，做事要尽心尽力。"这是母亲常常对假拉说的话。

他一刻也不敢忘，学习起来更加刻苦。

就这样，1979 年，假拉考上了拉萨中学，临毕业之际，他正好赶上了一个成长成才的好时机。

书山路远（二）

进入 20 世纪 80 年代初，由于大批进藏汉族干部、工人调回内地，包括气象领域在内的不少人才队伍出现断层。

对此，中央气象局组织以党组副书记、副局长邹竞蒙为组长的调研组进藏调研，随后向国务院呈报了关于巩固西藏气象工作的请示报告。1981 年 1 月，国务院批转了此报告，明确提出加强藏族科技干部和人员的培养，从根本上解决人才和事业发展需求。

自此，气象人才队伍建设出现新的转折。兰州、南京、成都等地的气象院校和有气象专业的大学，分别承担了中、高级藏族气象科技人员的培养。

1988 年 8 月，国家气象局在拉萨召开全国气象部门教育援藏工作会议，确定在内地气象院校以举办"西藏班"的形式，重点培养西藏区内少数民族专业技术人员的方案。藏族气象人才队伍因此发生了质的变化，博士、硕士、学士等高层次人才的培养成为这一时期的主题。

与此同时，以毛如柏为代表的西藏自治区气象局领导班子坚持通过开办短期培训班等形式，培养初级专业人才，并把这些学生输送到内地气象学院，为培养藏族民族管理骨干和业务骨干奠定了坚实的基础。

假拉搭上了"快车"。

1981 年 9 月，从拉萨中学毕业后，假拉进入中央民族大学开设的少数民族预科班。在预科班里学习了一年后，他考取了南京气象学院（现南京信息工程大学）

气象系，成为其中“西藏班”的气象学专业学生。

这一路，让假拉刻骨铭心的就是一个字：“远”——“绕了大半个中国”。

那时候从拉萨到北京可没有直通车，假拉等藏族学子外出求学，一般会由自治区政府派专车走北京—拉萨公路，经过青海、甘肃、宁夏、内蒙古、山西、河北，最后到达北京。

但那一次偏偏不巧，赶上修路，加上下了大雨，车辆寸步难行，所有人只好一起推着车子往前走——至于休息，也只能凑合在大巴车的座位上打个盹。

但就是这么艰难，走到一半，还雪上加霜——在一个前不着村后不着店的地方，车坏了。

司机和车上一帮半大孩子慌了神。所幸他们遇上了部队的运输车，被官兵们捎带手送到了格尔木。在这里，他们本来想走铁路，但是铁路也在维修，一行人只好辗转来到内蒙古自治区包头市九原区，才乘上了开往北京的绿皮火车。

假拉还记得，由于行程仓促，他们只买到了站票，这一站就是四天四夜。

更糟糕的是，这帮从青藏高原上来的孩子还穿着毛大衣，每个人背着重重一麻袋行李，他们不知道，海拔每降低 1 千米，温度就要升高 6 ℃，而拉萨和北京之间的平均海拔差了 3600 多米，也就是说，两地温差可能超过 20 ℃。

一群孩子又热、又累，到了北京，被中央民族大学接到宿舍以后，一刻也等不及，倒头就在光光的床板上睡着了。

有意思的是，中央民族大学的斜对面就是当时的国家气象局。班里有时还会组织学生们到气象局的观测场、到中央气象台，上手试着操作一下各种仪器设备，观摩一下前辈们如何能精准地画出各类天气图。

现在回看当年求学之路不难发现，命运早就把气象和假拉紧紧捆在了一起。

道阻且长（一）

1982 年 9 月，假拉考上了南京气象学院，成为气象系“西藏班”中的一员。

那一年，他只有 17 岁。

鉴于当时西藏地区和内地的教学体系存在一定差异，为了帮助学子们尽快进入专业领域学习，学校为他们量身打造了一整套学习计划——假拉他们要在一年内“恶补”物理、高等数学、语言等众多学科。

让许多少数民族学生头痛的莫过于“语言关”。首先要过的就是汉语写作这道“坎”。由于西藏教育部门和各级各类学校不断健全以国家通用语言文字为主、各类教育相互衔接的现代“双语”教学体系，因此对假拉等藏族学生来说，学会用普通话流畅地表达观点并不困难，难的是用汉字将所思所想凝练成一篇通顺且语法正确的文章。另一道“坎”就是英语读写。当时，许多少数民族学生还是第一次接触这一语种。

但如果连这些困难都克服不了，怎么能深入钻研专业课程，进而回馈家乡、造福社会?

强烈的责任感促使假拉下定决心，他绝不以最低标准要求自己，未来不仅要跨过这道关隘，更要跨得出彩、跨得漂亮。

于是，寝室里少了假拉的身影，而阅览室、教室里却常常有他在伏案苦读；课余时间，别的同学可能想着放松一下，假拉却报了校外的辅导班去补习汉语、英语，他的娱乐只有踢球和看学校放的露天电影。

但是天有不测风云，假拉大学二年级时发生的一桩变故，差点中断了他的求学之路。

道阻且长（二）

1983 年 6 月，学校领导突然找到假拉，说他得回家一趟。

学校派了车把假拉送到成都，在那里，他坐上了人生第一次飞机。

越是这样，假拉越是心慌。

果然，回家以后，他惊闻噩耗：父亲因公殉职。

母亲承受不住这一沉重的打击，病弱的身体更是雪上加霜。

“这个时候，还有谁能来照顾妈妈？我怎么放心她一个人在家？”作为独子，假拉挣扎了很久，产生了辍学的念头。

母亲狠狠地骂了他一顿。学校领导知道后也找假拉谈话，表示将尽其所能提供帮助，鼓励他继续求学。

父母所在单位的落桑赤烈书记更是主动为假拉斩断后顾之忧，给假拉吃了一颗定心丸：“你妈妈由我们照顾，你安心去上学吧！”

在大家的帮助下，假拉回到学校。他无以为报，只有加倍努力学习。

1986年，假拉以优异的成绩从南京气象学院毕业，很快被分配到西藏自治区气象台工作。他勤奋工作、虚心求教，在实践中尝试摸索、总结预报规律，业务水平不断提高。工作仅一年多便能独当一面，承担许多复杂天气过程的预报任务。

在这里，他也遇到了影响自己一生的良师——时任西藏自治区气象台台长的权循刚。

“权台长工作特别认真，每当遇有灾害性、转折性、极端性天气过程，总会在台里从头盯到尾，甚至一连熬几个大夜。”如果现在自治区气象台的预报员们有幸见到当年的权循刚，一定会惊讶于他和假拉工作作风的相似性。

更重要的是，权循刚对西藏气象事业发展极有想法。那时，计算机刚刚流行，权循刚就敏锐地察觉到，对气象事业发展而言，信息化是关键一环，这对更高层次人才队伍建设提出新的要求。除了要在业务水平上更加精进外，未来如果需要开发自动化、一体化的业务系统，编程、软件开发等技能也必不可少。因此，他鼓励假拉，在学业上更上一层楼、再攀高峰。

而此时的假拉也遇到能力提升的瓶颈。高原地域广阔，地貌复杂，地表下垫面多样，天气过程局地性、复杂性突出，加之当时西藏气象观测站网密度不高，先进观测设备缺乏，这些都让做好世界屋脊上的天气预报愈发困难。在一次次实战中，假拉越来越意识到，要筑牢高原气象防灾减灾第一道防线，预报员的个人素养和科技力量缺一不可。尤其是 1987 年，日喀则南部发生雪灾，人畜伤亡严重，让假拉深感自责，下定决心要去深造，立足先进理论，破解暴雪及其影响预报的难题，揭开雪灾这个高原“魔头”的神秘面纱。为此，假拉首先对高原的天气预报和气候特点进行系统的分析和研究，找到规律，并根据这些规律及全球气候异常与青藏高原的关系发表了多篇论文。

自治区气象局领导、同事都十分支持这一选择。于是，假拉报名参加了 1990 年度全国硕士研究生招生考试，没想到一考即中，捧回了“南京气象学院天气动力专业研究生班”的录取通知书。

这本该是件高兴的事，领导、同事都为他欢呼，但假拉却沉默了，“我要是走了，妈妈、妻子和孩子，怎么办？”

上下求索（一）

在拉萨工作的几年间，假拉和藏族姑娘拉姆结了婚。

拉姆说起丈夫的优点如数家珍：聪明、内敛、谦逊、踏实，总是默默做贡献……她很高兴能和这样一个人组成家庭。

婚后，拉姆勤勤恳恳操持家里，精心照顾假拉母亲。

在拉姆的支持下，假拉拼起事业来更无后顾之忧，婚后两个人很快有了一个可爱的女儿。

但这张录取通知书，偏偏就是在拉姆生产不久后来的。

母亲卧病在床，妻子还未恢复，孩子尚未满月，此时要假拉抛下他们去遥远的南京读书，叫他怎么放心！

他把通知书默默揣进口袋，回家只字不提。直到自治区气象局领导上门祝贺，他的家人才知道此事。

母亲激动万分：研究生，这是旧西藏普通民众想都不敢想的事，“要去的，要好好读！”

拉姆更为冷静，她知道家里有困难，但她更清楚，雄鹰就是要高飞的，不能把它困在巢里——更何况，假拉今天的成绩来之不易，不仅仅得益于个人的刻苦努力，更离不开党和国家的培养。她咬咬牙："我支持你去，家里的事情我顶着。"

听到这话，假拉的眼泪再也忍不住，他说："我一定好好学习，学出个样儿来！"

就这样，他背上行囊，二赴南京，全身心投入学业。其间，他和导师联合研究撰写的《臭氧层与大气环流的关系》《国家长期预报理论研究》等论文发表，获得好评。

1993 年，假拉学成归来，迫不及待地想把这个好消息分享给母亲和妻子。但天意弄人，饱受病痛折磨的母亲终究没能等他赶到家。

"我毕业了，我是研究生了，我回来了……"空荡荡的房间里，假拉喃喃自语，眼泪终于掉下来。

上下求索（二）

化悲痛为力量，假拉投入工作中。

回到自治区气象台，他惊讶地发现 3 年前自己离开时简陋的预报会商室，如今已是窗明几净；局域网联通了，计算机系统处理分析资料代替了人工绘图。

这一切似乎都预示着，西藏气象事业发展的黄金期，要来了。

在这期间，还发生了一件影响假拉一生的大事：

1993 年 7 月，时任中国科学院兰州分院冰川研究所副所长的秦大河，参加了中国挪威联合珠穆朗玛峰科学考察队工作。7 月 7 日晚，当秦大河老师登上 6080 米时开始头疼，并于 9 日晚头疼加重，科考队只能在第二天早晨派人下山求援——那时，秦大河老师已进入半昏迷状态。11 日凌晨，求援的人带着美国登山队和藏族老乡组成的救援队，给秦大河加压抢救，并将他捆在担架上爬下了山。顶风冒雪，好几批人自发接力救援，终于将秦大河老师送到医院。经抢救，他才脱险。

没有人知道，假拉也在这支科考队中；也没有人知道，亲眼目睹这一幕对他的冲击有多大。

回家后，假拉对妻子说：“秦所长这样的地位、这样的成就，尚且为科学事业搏命，而我，生于斯、长于斯，为了守护这里，我又有什么理由不更加拼命呢？”

从这以后，他更加废寝忘食。领导、同事们不知道是什么点燃了他，他甚至从来没有对外谈起过这段经历。

因为他觉得，被太阳点燃的火炬燃烧就好、发光就好，何必喋喋不休赞美太阳，也剖白自己的艰辛和不易呢？

而他每一分努力都不会被辜负。

1994 年，根据中国气象局的要求和自治区经济社会发展的需要，气象现代化建设在西藏全区展开。此时，假拉大胆提出实时业务系统进行一体化、自动化升级改造的设想——将气象信息的资料收集、分析、诊断以及预报产品发布等交给计算机，预报员负责监督流程运行并及时订正，以大大减少人工重复劳动。

这在计算机刚刚流行起来的当时，他的思想无疑是超前的。

自治区气象局十分支持，决定开展气象实时业务系统升级改造，要求一期工程验收要达到国家中等水平。对此，专家指出要加强软件管理、数据分析等方面技术。

但当时的操作系统还是磁盘操作系统，每一步运行都需要操作者运用汇编语言下达指令，可以想见在这样的系统上开发软件、构建算法、搭建平台有多么复杂，对于计算机人才缺乏的自治区气象部门又有多么艰难。但几年前权循刚关于业务信息化的畅想早就在假拉心里种下了一颗种子，在攻读研究生期间，他就有意识地提升自己的编程等能力。

自治区气象局领导将系统建设的总体设计和技术协调工作交给了假拉，并让他担任总体控制和数据库两个系统建设的主持人，还要负责两个子系统的设计和运行。

于是，他带着团队分领域攻克难关，有的精进计算机技术，打造系统“基座”；有的结合预报技术，为构建算法贡献智慧；有的负责在实践中试用系统并及时反馈问题……

1993 年，假拉被评为天气预报工程师，在推进信息化建设的同时承担起西藏全区的“三性”（灾害性、关键性、转折性）天气预报把关工作，加强对高原气候特点和天气预报技术的分析和研究。他凭借超强的责任感和统筹能力，在每一条战线上都取得了突出战果。

把脉风云（一）

1994 年，假拉主持预报了西藏盛夏局部干旱，为政府决策部署提供了科学依据。这一年的旱情比往年都要严重，农作物又正值抽穗、扬花、灌浆的关键时期，由于预报准确及时，各级政府、相关部门应对得力，粮食受损不大。假拉判断，久旱之后必然会出现雨量高度集中的情况，提醒政府和相关部门提前防范应对，尤其是加强江河湖库巡查，多措并举，当年全区粮食喜获丰收。

而这一年冬季，密切监视着冬春雪情的假拉和同事们，从观测到的天气迹象和数据上，预测出藏北一线将有大范围中等程度的雪灾。为了使预报结论尽可能准确，假拉在收集第一手资料的基础上，又钻进计算机室，认真检验收集到的每一个数据，几经斟酌，终于将预报提供给自治区领导和有关部门。

时间在忐忑中流逝，天气一步步证实着假拉和同事们的预测。从 1994 年 11 月开始，大雪时降时停，到 1995 年 3 月达到高峰，藏北草原广袤的土地上，一片白雪苍茫，有的地方积雪深达 1 米，气温降至 –40 ℃。由于气象部门准确及时的预报，各级政府和部门采取了切实措施，灾害损失降至最低。西藏自治区政府专门致函中国气象局，对雪灾预报人员提出表扬。假拉也因此被中国气象学会授予“全国优秀科技工作者”称号。

本职工作已如此繁重，假拉还要克服通信落后、资料短缺等困难推进实时业务系统研发，压力可想而知。那几年，假拉经常加班加点，办公室的灯经常整宿整宿亮着。

经过不懈努力，1995 年，在假拉的带领下，他的团队完成了实时业务系统。经专家鉴定，该系统业务运行可靠，达到国内先进水平，填补了西藏气象部门无现代化业务系统的空白。其中，由假拉主持研发的两个子系统达到省级同类领先水平。最终，这一工程获得 1995 年度自治区科技进步一等奖、1996 年度国家科技进步三等奖。假拉也因此荣获“中国十大杰出青年”称号。

从 1993 年至 1995 年，假拉先后写了多篇论文，对青藏高原重大气候规律及其与地形、全球气候变化等的关联进行卓有成效的研究，并运用于预报实践，取得较好成果。其中“主成分因子分析在高原气候区划中应用”获 1994 年西藏自治区科协首届青年学术年会优秀论文二等奖，“天文与气象结合做高原天气预报”获 1995 年西藏自治区气象科学技术进步三等奖……这些研究为夯实自治区气象防灾减灾第一道防线“添砖加瓦”。

也是在 1995 年，假拉所承担的国家气象局应用项目“数值预报产品在高原上的释用”，细致分析了数值预报产品在高原区域内的预报效果，并在数值预报产品应用的基础上，采用天气学和统计学方法建立了短期强降雪和最低气温预报方法，在 1996 年冬季试用中，成效显著。

1995 年，假拉被破格提升为高级工程师。就资历而言，这似乎来得早了一些，但就能力而言，则是当之无愧的。

把脉风云（二）

虽然荣誉加身，但假拉从来不会是一个躺在“功劳簿”上“吃老本”的人。他说，“荣誉只代表过去，未来的路，还要靠自己踏踏实实去走。”

1999 年，假拉开始了对“印度季风与西藏高原夏季降水”的研究攻关。经过两年多的研究，他发现印度洋海温异常和印度季风强度对高原夏季降水影响的可能物理机制。在此基础上，他找出了具有显著物理意义的因子，建立了物理概念模型和月、季统计预报方法。根据此方法，他准确预测2000年夏季高原出现连续第三个涝年，引起国内外气象专家对印度季风影响高原和东南亚气候的极大关注。

假拉没有忘记1987年那场让他刻骨铭心的雪灾，一直潜心攻克高原雪灾预报难题，先后完成了“高原雪灾天气研究”多项重要课题，以雪灾指标为对象开发了短期和月、季预报预测方法，使强降雪预报有了较高的准确率；建立了基于GIS技术的雪灾监测和预报预测业务系统并投入业务，以便为应急抢险救灾提供及时、准确的信息；承担了西藏科委的重点项目“西藏高原雪灾气候规律和预报系统”，以此为契机，全面深入地研究了自治区雪灾的气候规律和强降雪的天气气候特征，为牧业生产规划提供了科学依据；完成了“西藏气象灾害区划及雅江中游沙尘暴形成机制及对策研究”等十余项科研课题，在国内外核心期刊上发表论文30余篇。

2009年7月，假拉在喜马拉雅山北麓岗巴县了解雪灾和干旱

强降水引发的滑坡、泥石流等地质灾害也是困扰自治区的一大难题，威胁人民群众生命财产安全。对此，假拉创新性地利用卫星遥感、地面降水和地理信息资料，首次采用PRIMS方法开发了复杂地形条件下1小时降水估测方法和基于多模式降水预报产品的集成降水定量预报方法。建立了以雨–地耦合模型为主的西藏滑坡泥石流风险预警业务系统，填补了西藏气象部门在该领域预报技术的空白，在以后的预报服务中发挥了重要作用。

2009年5月26日，亚东县一带突遭暴雨袭击，由于提前收到气象部门发布的预警信息，当地党委、政府及时将可能受影响区域的亚东乡仁青岗村 1069 名群众迅速撤离到安全地带。群众撤离后不久，山体滑坡、山洪等次生灾害相继发生，21 户房屋倒塌，但无人伤亡。

到此，我们不难发现，假拉这一路走来，在工作中刻苦钻研，恪尽职守，聚焦的每一个问题都是紧扣青藏高原上威胁经济社会发展和人民生产生活的预报难题；开展的每一项研究都是站在科技前沿，大胆创新，利用新技术开辟出前人未曾走过的路；研发的每一项成果都会迅速应用于业务，并在实践中反复锤炼。

敏锐、革新，勇立潮头、迎难而上——最重要的是，始终立足脚下土地，并把人民群众放在心上，这或许就是假拉能取得突出成就的原因吧。

愿执炬火（一）

2010 年，假拉迎来职业生涯中的又一个重要节点，他被委任自治区气象台台长。

在这个岗位上，他又开始了“多线作战”。

首先，他要带领团队，为推进西藏气象科技能力现代化贡献力量。

2014 年，经济社会发展和人民美好生活对气象服务提出更高需求，但因为地理、气候等方面的不确定因素较多，国内外的预报模式直接应用于青藏高原难免遭遇“滑铁卢”，因此有必要建立适应本地的网格化预报业务体系。

西藏自治区气象台与国家气象中心预报技术开放实验室合作，推动客观化、网格化的预报技术在青藏高原上落地应用。经过两年多攻关，2020 年 9 月，自治区从零时刻到 10 天的智能网格预报业务体系正式业务化运行。现在，自治区 5 千米 ×5 千米的智能网格预报业务也已投入运行，预报时效由当初的 24 小时精细到如今的逐 3 小时。

此外，依托“十三五”规划，西藏自治区发展改革委提供项目支持，假拉带领团队研发了西藏强对流天气短时临近预报预警平台，推动强对流天气预警时间提前至30分钟，为气象灾害防御赢得主动权。“这也是得益于自治区气象现代化水平大幅提升。”假拉说，以前，自治区地面监测站网不密，只有拉萨有一部监测范围仅为30千米的天气雷达，如今，西藏拥有风云系列气象卫星接收站9个，建了6部多普勒天气雷达。我国自主研发的新一代业务数值预报系统GRAPES和MICAPS气象信息综合处理系统平台，使预报的生成、处理和制作更加方便。

“气象科技发展日新月异，激励我们用好它们。”假拉说。

2019年8月，假拉参加第二次青藏高原综合考察，在隆子县喜马拉雅山东段南坡自动气象站和团队合影

在发掘内生动力的同时，假拉还注重“走出去”：2014年至2017年，参加第三次青藏高原大气科学试验，担任第四课题组副组长；2017年至2019年，作为气象部门负责人，组织并参加第二次青藏高原综合科学考察前期研究的野外考察、观测分析和项目协调工作。此外，他还牵头负责第二次青藏高原综合科学考察第一任务“西南－季风协同作用及其影响”，是第四专题“极端天气气候事件与灾害风险”的负责人之一，并参加第二专题“气候变化与西风－季风协同”和第五专题“西风－季风协同作用对亚洲水塔变化的影响”。

愿执炬火（二）

其次，假拉要继续把关预报，挑起更重的担子。

让他记忆深刻的是，自己走马上任仅一年，自治区就有一项重大活动——庆祝西藏和平解放六十周年大会。

那一年，自6月28日以来，西藏全区降水频繁，特别是大会主办城市拉萨以及日喀则、山南、昌都、那曲中东部普遍出现中雨，局地还出现大到暴雨。拉萨从7月2日起便一直持续降雨，最大降水量一升再升，直至40.3毫米，创下当年最大一次降水纪录。

7月15日，自治区气象局进入气象保障服务特别工作状态，同时加强与中央气象台、全区7地（市）气象局的天气会商，启动那曲等地加密探空观测。

直到7月18日，经会商，假拉最终代表团队签发了那份预报结论：“19日06时至08时，拉萨为小雨；08时至10时，拉萨市为零星小阵雨转多云天气；10时至13时，小雨基本停止，拉萨市为多云天气。”

19日03时，拉萨依然下着小雨，气象台预报会商室灯火通明，大家紧张地分析着每一份资料、每一张卫星云图，每3小时会商一次，每3小时发送一份预报。假拉也一直守在这里。

最终，19日10时，偶有零星小雨，天气依然以多云为主，在凉爽的天气中，庆祝西藏和平解放六十周年大会开始，预报与天气实况基本吻合，庆祝活动顺利举行。

2020年6月，假拉创新工作室全体成员合照

像这样的故事还发生了很多：

2020年5月27日11时，2020珠峰高程测量登山队让五星红旗再次飘扬于世界之巅。而在5月26日，8名冲顶队员抵达海拔8300米的突击营地后，指挥部询问27日能否有风雪窗口期时，后方却给出了较为保守的回答——之后再想抓住机会就更难了。时为自治区气象局首席预报员的罗布坚参现场开展服务保障，他综合实况、地形等多种因素，判断凌晨时风可能会减弱。但他拿不定主意，于是打电话给假拉。假拉根据罗布坚参汇报的最新情况，再分析再研判后

支持了他的看法。最终，27 日 02 时冲顶时有风吹雪，但风不是很大。

2021 年 8 月 19 日 10 时，庆祝西藏和平解放 70 周年大会在拉萨市布达拉宫广场隆重举行，气象保障获得各方好评。为了这次大会，自治区气象局提前一个月启动气象服务保障工作，提前一周左右开始提供保障关键时段的精细化预报。其间，假拉一直坚守预报业务一线。时为自治区气象台副台长的赤曲在 19 日凌晨来到业务室时，看到假拉已经在这里，认真研判关键时间段天气，时刻关注活动关键时段天空状况、风向风速、气温等要素的预报，他后来才知道，从 18 日至 19 日，他一直守在哪里，一夜没合眼——“假拉台长的这种责任心值得敬佩、必须学习。”他不知道的是，假拉身体不太好，这样高强度的熬夜工作常常让他的腿肿得吓人。

……

在每一个故事里，假拉都是团队的“主心骨”，似乎也是后辈的“引路人”。这就不得不提到他的最后一条也是相当重要的一条“战线”：人才培养。

吾道不孤

近年来，假拉把大量精力投入到人才培养上，在成都信息工程大学担任硕士研究生导师，辅导和培养了 5 名硕士研究生，他们已经成为各自领域的专业骨干人才。假拉不仅在高校中培养了人才，还在高原气象工作中做出了突出贡献，培养了一大批西藏气象业务骨干，切切实实做达到了传、帮、带的作用。

假拉还主持筹备并组建了高原灾害性天气预报创新团队，近年来，对孟加拉湾低压云团影响西藏高原的环流背景、影响路径、范围、强度以及暴雪（雨）天气发生、发展及消散过程的动力学与热力学特征等进行研究分析，提炼预报指标，梳理预报思路和预报着眼点，建立因孟加拉湾低压云团北上影响造成西藏暴雪（雨）天气发生的天气概念模型。

2018 年，西藏自治区总工会为自治区气象局“假拉劳模创新创业工作室”授牌（2005年假拉获“全国劳动模范”荣誉称号）。这是自治区总工会打造的第二个自治区级劳模创新创业工作室。该工作室致力于高原灾害性天气机理研究和预报预警产品研发，建立的灾害性天气模型在冬季暴雪、夏季暴雨等灾害性天气预报业务中发挥了重要作用，研发的客观预报产品有效提升了预报精细化水平和准确度，构建的强天气监测预警产品在短时临近灾害性天气预警中起到重要支撑作用，特别是培养了一批本地预报技术人才，持续推动西藏气象预报业务能力不断提高。工作室经过三年不断创新建设，2020年被中华全国总工会命名为“全国示范性劳模和工匠人才创新工作室”。

罗布坚参和赤曲都是其中骨干。

2006年，罗布坚参刚进入自治区气象台，一开始，他觉得假拉老师是一个严肃的人，“因为懂得很多，每次都能精准地指出我们的不足。”但后来他跟着假拉一路走来，才发现，这个“严”只是严谨的“严”，每一张图、每一份材料，他都一丝不苟，与之呼应的是他总是大胆把任务交给年轻人，让他们锻炼，也为他们兜底。最让罗布坚参佩服的就是假拉老师的战略眼光，“从业务系统建设到人才培养，他总能想在前面。”现在，成了自治区灾防中心副主任的罗布坚参，决定把从假拉身上学会的工作思路应用到公共气象服务上来。

赤曲则是2007年7月参加工作，一直在预报业务一线。第一次接触假拉是毕业报到的时候，他亲切地询问自己未来的规划，关心生活上有无困难。赤曲觉得，这一定是个平易近人且友善热心的人。深入接触后，他发现，“小到团队任务，大到预报业务发展，假拉台长规划的路线都是明确且富有前瞻性的，这么多年我们一直这么执行，成果显著。”假拉尤其支持，甚至会动员台里的骨干人才继续深造。在他的鼓励下，2019年至2021年，赤曲去了南京信息工程大学攻读在职研究生学位，回到岗位后就升任领班预报员，负责预报把关和技术指导，研究高原灾害性机理和预报预警技术。如今，赤曲成了自治区气象台副台长，主持台里的各项工作。

和罗布坚参、赤曲不同，2018 年初入职场的高勇是云南人，抱着一腔赤诚奔赴青藏高原。刚来的时候不适应，加上值班压力大，头发一把一把掉。假拉很关心他的生活，经常叮嘱其要好好休息，多喝水，多开加湿器，每天更是早早到岗指导他如何突出重点制作会商汇报材料。后来，假拉还为他的成长做了规划，一方面鼓励他学习编程，比如自学编写了可解码移动人工影响天气指挥车所采集的观测数据的程序，另一方面给他提供舞台，如让他参与山洪降水客观方法研发，安排他到国家气象中心参与降水客观方法的学习等。这些，都为高勇迅速成长为自治区气象台青年骨干提供了养分。

尾声

假拉即将退休了。

从事预报工作近 40 年，假拉全身心投入西藏气象事业，见证并参与了气象事业快速发展的历程，就要说“再见”，他百味杂陈。

其中诚然包含“不舍”之情，不过，一方面，他的身体不允许他承担高强度的工作了；另一方面，这些年他对家人亏欠太多。他思忖着，待日后退休，定能拥有充裕的时间，陪伴家人饱览祖国的秀美山川。

最后，他有一点肺腑之言：近 40 年来，气象预报技术体系、业务体制可以说发生了翻天覆地的变化，未来还将有源源不断的新技术、新成果涌现。因此，“转型，去适应新技术的发展”是预报员必将面临的课题。他建议，一部分预报员可以继续在灾害性天气预报上发挥主观能动性，一部分预报员可以积极参与到技术开发和业务系统建设中去，还有一部分预报员，可以思考如何将成果应用于服务，做业务板块之间联动的“桥梁”。

对 59 岁的假拉来说，前半生，书山路远、道阻且长，吾将上下求索；后半生，把脉风云、愿执炬火，惟愿吾道不孤。

许映龙

许映龙，男，1968 年 10 月出生，国家气象中心（中央气象台）首席预报员，国家防汛抗旱总指挥部防汛抗旱专家、中国气象局重点创新团队远洋气象导航团队首席科学家、中国科学院大学地球与行星科学学院兼职首席教授，正高级工程师。致力于台风监测预报预警服务工作、技术研究和流程规范改进，为我国台风 24 小时路径预报技术达到国际领先水平做出了突出贡献。2023 年，我国台风 24 小时路径预报准确率比日本和美国分别高 7.5% 和 8.8%，为筑牢气象防灾减灾第一道防线，切实保障人民群众生命财产安全和经济社会发展发挥关键作用。获得全国先进工作者、2023 年“大国工匠”年度人物、中央国家机关五一劳动奖章、全国气象系统先进工作者等荣誉。

许映龙

我最想知道台风往哪里走

《中国气象报》记者　徐嫩羽

2024 年 3 月 1 日，“大国工匠”年度人物颁奖典礼上，中央气象台首席预报员许映龙迈着铿锵有力的步伐，走向舞台中央。

“我们将尽 100% 的努力，将预报逼近实际。”许映龙语气坚定。台下响起热烈的掌声。

他将自己定义为“追风者”，追的是大自然最具威力且对我国影响巨大的天气系统——台风。

“天气预报工作与人们生活密切相关。”获评 2023 年“大国工匠”年度人物，许映龙更加深刻感受到身上沉甸甸的责任和使命，“群众安危重于泰山，台风预测是一条永不停歇的道路。只要在工作岗位一天，我就一定会为此奋斗。”

风如何追？台风如何追得上？

很多次看到许映龙，都是在中央气象台值班室。他像“定海神针”一样坐在座位上——戴着眼镜，托着腮，向前倾斜着身体，埋头在各种资料中。他偶尔站起来溜达两步，走路速度不快，可以用气定神闲来形容。他不怎么说话，说话速度也不快，偶尔回答其他人的问题，也就是简单一句：“是的”。他坐在位子上，因为很少说话，人们注意不到他。但是，他一直坐在那里，这个面向电脑资料的熟悉背影让人一下子就能认出他。

电脑屏幕上花花绿绿的监测产品图像在外人看来就像一团团麻绳一样零乱，而他的工作就是从“乱麻”中辨别台风，提前判断哪个台风会影响我国、什么时候影响我国，在什么地点登陆，风力有多强，影响有多大……

“你最想知道什么？”

“我想知道台风往哪里走。”许映龙说。

在台风形成的初期对其路径、强度等进行预报，这是极大的挑战。为此，无数个白天、黑夜，许映龙执着坚守，耐心地寻觅着研判着台风的蛛丝马迹。

“因为天气预报关系千家万户的安全，工匠精神首先是一种责任。另外一方面要敬畏生命和自然，专注做好一件事，把这种精神传承下去，激励一代代预报员不断突破、实现新的飞跃。”许映龙说。

2023 年，我国台风 24 小时路径预报准确率比日本和美国分别高 7.5% 和 8.8%，西北太平洋台风路径预报误差值仅为 62 千米，达到世界先进水平。

“我们逐步由跟跑到并跑。”许映龙说，“几代气象工作者的努力终于有了回报，我觉得我的工作特别有意义。”

以少年的热情追风

“专注做一件事，坚持下去，做精做细。”这是许映龙投入台风预报工作的感悟。

儿时，许映龙很喜欢读书。他梦想是成为一名科学家。高考报志愿时，因为分不清“空气动力学”和“天气动力学”，想造大飞机的他误打误撞进入了气象专业。

1990 年 7 月，许映龙从南京气象学院（现为南京信息工程大学）毕业，还没来得及回云南老家一趟，就坐着火车北上，入职中央气象台，开始从事天气预报工作。

他至今还记得当年踏入中央气象台时，难掩激动心情和暗下决心的那一刻。

1991 年夏季，淮河发大水，让他深感气象工作对防灾减灾意义重大。时任国家气象局（现为中国气象局）局长的邹竞蒙打电话给值班室，询问淮河涨了多少水。刚参加工作的许映龙接了这个电话，他有点答不上来。年轻的他意识到，做预报不仅要了解降水，也需要了解水情。

后来，他进入短期预报科工作，开始和台风预报打交道。“干一件工作，慢慢地真正了解它。”许映龙说。

30 多年来，许映龙每天醒来第一件事就是看气象卫星云图，从中识别涡旋、台风眼区、螺旋雨带、云区，看对流如何发展，日复一日，就这样不断加深着对台风的认知。每逢有台风临近，他都会很早赶到单位，因为需要关注和识别的点太多，影响台风路径和强度的因素包括周围天气系统的影响（副热带高压、西风带、副热带西风急流、热带东风急流、越赤道气流等），海洋状况，等等。

许映龙在值班室

许映龙关注天气系统的生成、变化，了解海表温度的变化。他分析海量的数据和资料：全球气象卫星云图、地面天气图、数值模式预报产品、雷达观测图像……他把自己比作门诊的医生，只不过“病人”是台风。为了能做出正确的诊断，他需要像医生看化验单或者 X 光透视一样，去察看观测资料。

为了得到一个近乎完美的预报结论，预报员们常常需要分析近百个主客观预报产品。“只要遗漏一个因素，或者考虑了不必要的因素，判断就可能出现失误。”中央气象台首席预报员董林说。

如何从海量的监测预报分析数据中，对预报结果进行合理的订正，使预报尽可能接近实况，是许映龙不懈的追求。这么做的基础是对天气演变规律的了解以及台风预报的经验。每次台风过程结束，许映龙都会进行细致的比对复盘和技术总结。同事张玲这样评价许映龙：“他就是一本台风‘活字典’。哪个同事如果需要关于台风的资料，一问许映龙，他一定会有。”

令人意外的是，非常懂得台风的许映龙从没亲身经历过台风。每当台风来临，这位追风人多半会守在岗位，面向多屏工作台，像大本营里一位运筹帷幄的指挥员、盯紧着藏匿于跳跃变化的各类图表数据中的台风，即使大脑飞速运转、内心苦苦思索，在旁人看来也只是一个处变不惊的安静身影。

台风从诞生到消亡，通常会持续 5 至 7 天，这也是台风预报员最辛苦的时刻。台风形成以后，不会因为人们要睡觉，就停止脚步。“最关键的是要一直不断地监视着台风，才能知道它未来怎么变化。”许映龙说。所以，如果想弄明白、预报准台风，就需要常年值班并值夜班。许映龙年轻的时候常常通宵值夜班。当了首席以后，他的作息也只是调为凌晨四点半到岗，一直忙到晚上十点多。实际上，就算闭上眼睛，他脑海里的各种图像数据也挥之不去。台风不消失，第二天他准会到岗。在台风特别多的季节，接连多日不回家是许映龙的常态。

“每条台风路径预报都有其背后的道理。如果不仔细观察，你就感受不到变化。”董林说。

长年累月的熬夜让许映龙的身体指标亮起红灯，家人劝他换个相对轻松的岗

许映龙在中央气象台（摄影：宋晓甫）

位。但是，他选择继续坚守，“台风预报与人民的生命财产安全密切相关，我不能离开。”

当台风季过去，他还是不停地琢磨台风，阅读资料、文献。将科学应用于预报，是他追风的诀窍。在他家里和办公室，堆满了存放台风数据的硬盘和相关专业书籍。

许映龙觉得上班很有意思，因为他在做自己喜欢的事情，他要用一辈子干好一件事。“我实在太喜欢这个工作了。”许映龙说，“琢磨台风、预报台风特别有意思。”因为这份热爱，他在这个岗位上耕耘了 34 年，并且还将继续探索下去。

“我觉得自己现在还是那个 34 年前，怀着激动的心情初次来到中央气象台，并且暗下决心，一定要搞懂天气预报的年轻人。”许映龙说。

运用科技又不依赖科技

许映龙刚参加工作时，天气预报还是以统计方法和主观定性为主。许映龙当预报员的起步是从手工画天气图开始的。他将关键的天气要素用不同的颜色、线条画出来，分析副热带高压带等天气系统的位置，推测天气的演变：是晴好天气，还是降水天气？如果是降水天气，降水区在哪里？他觉得，分析天气图能够直观地展现天气系统的演变。

那时候，想看到气象卫星云图可没那么简单。在原中央气象台大楼的 7 层，有一个云图接收室，许映龙去那里取洗好的卫星云图照片。当时，中央气象台接收的是日本、美国的气象卫星，时效性差，将网格套在上面，才能看出台风大致的位置。

1988年开始，我国气象卫星事业快速发展。从“风云一号”气象卫星到“风云四号”气象卫星，气象卫星对台风及其带来的风雨监测能力不断提升，也给了许映龙更多的预报依据和信心。风云气象卫星提供的快扫云图，更新速度可以达到分钟级。通过气象卫星监测，许映龙仔细观察台风云系的特征及其变化，比如不同的台风云型分类、云带弯曲程度、中心密闭云区的大小和云顶亮温分布、台风眼区及其亮温分布、眼区与其周围眼墙之间红外温差等。

不只是气象卫星，新一代天气雷达、海上观测站等观测手段的丰富，也给了许映龙大量的观测资料，为分析预报台风打下了基础，而且，这些资料可以同时在台风海洋一体化业务平台（TYMIS）上交互呈现。

随着超级计算机系统、数值天气预报模式以及台风客观监测预报方法等技术手段的不断发展，台风监测预报实现了由主观定性经验为主到客观定量分析预报的巨大跨越，并向数字化、智能化转型。

许映龙参加在成都举行的2023年“大国工匠年度人物”活动时，曾到访国家超算成都中心，他自豪地说：“中国气象局目前已建立了自己新一代的气象超算系统，那是国内相对先进的超级计算机系统。”

气象现代化发展也意味着知识的更新迭代在加速，也就是说，不断有新技术、新方法涌现。新型雷达、新型气象卫星载荷提供的新观测资料及其产品各有怎样的优点和缺点，怎么能更好地运用这些资料和方法？许映龙不断学习、潜心钻研，持续升级自己的“最强大脑”。

许映龙认为，科技是基础，但是也不要被数值预报模式所左右。由于观测是有误差的，尤其是台风的初始观测场，同时数值预报模式描述的大气方程组只有近似解等因素的影响，所以，数值天气预报模式系统产生的预报结果可能千差万别，特别是长时效预报具有较大的不确定性。他反复分析：数值预报模式和人工智能（AI）大模型的结果有什么不一样？和哪个历史台风相似？和历史上的哪个

环流场相似？相似中的不同是什么？会导致什么样的结果？

“许老师做的预报，背后一定有超越模式的资料积累和思考，一定在提升预报的准确度极限，努力降低误差率。”当得知许映龙获得2023年“大国工匠”年度人物时，同行如此评价。

科研攻关为提升预报准确率注入了新的活力。许映龙带领团队发展了基于风云气象卫星的台风客观强度估计及大风反演方法，提高了风云气象卫星的定量应用能力；研发了基于集合预报的台风路径订正方法，极大提高了台风路径预报水平。

目前，人工智能技术在台风监测预报中的应用，主要是通过利用过去的台风样本进行训练，制作台风路径预报；此外，通过新一代风云气象卫星与AI技术结合，在台风涡旋识别、台风强度客观估计和台风快速增强识别等方面也取得初步进展。

“目前AI技术主要的短板是它没有涉及物理约束，预报结果和精度还不是非常理想。考虑影响台风路径或者强度的物理约束，再结合专家的主观分析，会是一个未来我们努力的方向。”许映龙说，“加强风云气象卫星和新一代天气雷达等新型观测资料的客观定量分析应用，将数值天气预报模式与AI大模型相结合，发展新一代台风路径和强度超级集成预报方法，加强台风影响客观预报技术的研发应用，也是进一步提升我国台风业务预报准确率和精细化服务能力的重要保障。”

只有快、准才能跑赢台风

我国是世界上受台风袭击最多的国家之一，平均每年会有7个台风在沿海地区登陆。“只有亲身经历过台风的人，才能明白台风的威力。实际上台风是造成损失最严重的自然灾害之一。”许映龙说。

2006年8月10日，超强台风“桑美”在浙江省苍南县南部沿海登陆。台风过后，许映龙到浙江开展灾情调研。当他看到倾倒的房屋、沉没的渔船、折断的大树，他心痛的同时也意识到，人类在自然面前还是非常渺小。

敬畏自然的同时，他再次意识到自身工作的价值与意义。他暗暗下定决心：一定要做好台风预报。

台风预报与人民群众生命财产密切相关，压力可想而知。“没有一次预报是简单的。”许映龙如此形容。他最关注的是台风靠近我们国家的时候，对我们国家的影响、危险和灾害。

2009 年，许映龙分析台风“芭玛”的风雨影响

“做预报要非常认真谨慎，哪怕出一个小数点的误差，都会酿成大错。”许映龙说，“因为台风影响到哪里，哪里就要转移人口，还可能要停工停学停市。一旦预报错了，损失不可估量。”

“他不仅对台风数据资料了然于胸，更是在此基础上引导防灾减灾、趋利避害。”这是同行对他的评价。

2014 年 7 月 18 日，天刚蒙蒙亮，“威马逊”即将登陆海南。在登陆菲律宾之前，它是超强台风；而进入南海以后，“威马逊”有所减弱。随着“威马逊”距离我国陆地越来越近，需要马上准确判断它登陆时的强度，而判断变化多端的“威马逊”有一定难度。

各国的数值预报模式有分歧，比如，欧洲中期预报中心的数值模式判断“威马逊”强度较弱。也有专家认为，“威马逊”有可能在登陆前快速加强，强度超过历史上登陆海南的所有台风。预报不确定性较强，模式有分歧，是气象工作者最需要严阵以待、仔细分析的时候。此时距“威马逊”登陆仅仅还有不到 10 小时——正是抗击台风、部署防灾工作的黄金时刻。

如果预报“威马逊”将快速加强，就需要启动最高级别的预警和应急响应，转移大量人口。受台风影响的每一个人，都在等着这次至关重要的预报。

这一难题交到了许映龙的手上。经过与团队紧张的分析与研判，当天06时，团队做出了重要预报："威马逊"将在海南省文昌市翁田镇附近沿海登陆，而且登陆强度将达到台风的最高等级！"威马逊"将有可能成为有气象记录以来登陆海南的最强台风。

预报结论做出之后，中国气象局立即启动重大气象灾害（台风）一级应急响应。根据台风半径测算，翁田镇方圆25千米是高危地区。这涉及11个镇场2015个自然村，人口密集，如果不及时转移群众，后果不堪设想。

群众安危重于泰山！10时28分，海南省委根据预报结论做出决定：不惜一切代价，立即转移翁田镇周边25千米范围内所有瓦房、危房内的群众！登陆前3个多小时，翁田镇安全转移群众超过18万人。15时30分，"威马逊"登陆翁田镇。在当地，防风林也没能防住强大的台风，风雨横扫，电线杆倒塌……据事后统计，登陆点附近1.7万多间瓦房倒塌，2.3万多间瓦房屋顶被掀。

幸好预报准确，转移及时，房子虽然没了，但是群众是安全的。许映龙分析，台风"威马逊"有极端性，当时海表温度较高，给台风补充了能量；同时中南半岛高空的热带东风急流风速较强，也给台风快速加强加了一把力。

中央气象台年轻预报员向纯怡谈起遇到疑难台风时候的纠结："许首席顶住了压力"。

"每次有重大疑难台风出现时，我们就把许首席请出来。他坐在那里，我们就安心了。"国家气象中心台风与海洋气象预报中心副主任钱奇峰说。

"在这次跑赢台风的生死大转移中，我们取得了胜利。那一刻，我为自己准确的分析判断而自豪，也为自己是一名气象人而自豪。"许映龙说。

预报拓展到全球其他海域

很多人对电影《战狼2》中的撤侨场面记忆犹新，其实，这样的场面也真实地出现在许映龙生活中，令他印象非常深刻。

2017年9月18日，大西洋五级飓风“玛利亚”重创加勒比海岛国多米尼克，当地交通、通信全面瘫痪，机场关闭，物资供应匮乏。

400多名华人华侨和中资企业员工被困在这个面积约750平方千米的加勒比海岛国。如果要撤侨，首先要判断飓风的发展动向，精准掌握风雨影响。这个任务交给了一万三千多千米之外的中央气象台，落在了许映龙的身上。

这项任务是有难度的，我国预报员对西太平洋的台风预报经验较为丰富，却缺乏大西洋飓风的预报经验。虽然说飓风和台风本质上是同一种天气系统，但是，大西洋飓风的路径、强度的发展规律与西太平洋的台风大相径庭。

过去十多年来，中央气象台一直在技术上做准备，逐步开展了全球其他海域的台风监测业务。

2017年上半年及9月上旬，中央气象台针对孟加拉湾风暴“莫拉”和大西洋飓风“厄玛”进行了预报服务，也对台风业务平台进行了改进。“因而，对大西洋飓风预报，我们是有一定基础的。”许映龙说。

时间紧、任务重、责任大，许映龙连夜赶到值班室，与多位值班预报员一起分析加勒比海未来5天的天气情况，全面剖析“玛利亚”的未来动向。在接到服务需求仅仅30分钟后，预报专家团队给出一致意见：未来5天，“玛利亚”将向西北转偏北方向移动，但势力依然强大，是一个非常危险的飓风！好消息是，在“玛丽亚”过后，未来10天，加勒比海区域无其他飓风影响。

根据预报结论，撤侨时间和轮船的靠岸时间做出了合理安排。最终，400多名华人华侨分两批安全撤离。

许映龙曾在国外交流学习，也让他对全球预报体会更深，希望逐步将台风监测预报业务推广至全球海域。

许映龙回忆，根据中国气象局上海台风研究所评估，2006年，我国24小时台风路径预报误差为135千米，日本为111千米，美国为107千米。“那时，我们自己的台风预报产品受认可度并不高，每当有台风生成并逼近我国，沿海地区的预报员更愿意参考国外预报产品。”

2006 年，许映龙有机会前往美国马里兰大学交流学习。前往美国前，许映龙便下定决心：一定要珍惜难得的学习机会，争取未来能够在技术上赶超发达国家。

2023 年，我国 24 小时台风路径预报误差为 62 千米，日本、美国分别是 67 千米和 68 千米。“我们逐步由跟跑到并跑。”许映龙说。

基于集合预报的台风路径订正方法已推广至北印度洋、北大西洋、西南印度洋等全球海域高影响热带气旋预报，成为实现“全球监测、全球预报、全球服务”的客观技术支撑。

钻研世界性难题

俗话说“天有不测风云”，报准天气没那么容易。解决台风预报的偏差是世界性难题。

说起印象深刻的台风，许映龙马上就想起 2011 年台风“梅花”。那是“不够满意的一次台风预报”，一直让他不断反思。他没有停下过努力的步伐。台风命名表一直循环使用。2022 年，台风又一次轮到“梅花”这个名字，许映龙认为这次“报得可以”。

“预报员就是这样，从成功和失败中总结经验，提升预报能力，去无限逼近实际。”如果预报得不够准确，许映龙也会很失落，但同时更会分析问题、进一步改进预报。

许映龙知道，大家最想听的预报是“某年某月、几点几分将在哪下多大雨”，越具体、越准确越好。然而，现在的科技水平还无法做到 100% 的精确与准确。

在世界范围内，人们还没有完全认识台风。比如，生成台风的原因还没有公认的答案：到底是大气的高层、中层，还是低层触发了台风的生成？气象工作者和科学家们一直在开展科学研究，分析台风的不同点，并不断凝练、总结。

“在中国，我们是最关心台风、最懂台风的人了，但是我心里总觉得对‘她’还有没搞明白的地方，我对台风一直心存敬畏和好奇。”许映龙说。

台风预报还存在台风生成初期长时效路径预报、台风快速增强或快速减弱预报、台风精细极端降水预报等世界性预报难点。一些台风比较另类，该减弱的时候不减弱，已经转向去日本后，却突然杀个“回马枪”，或者就在海边转圈，既不登陆也不走。

比如，有的台风在近海快速增强。

2017 年，台风“天鸽”从菲律宾以东洋面进入南海，强度较弱。当时，许映龙判断这个台风较为极端，马上组织专家会商。专家们通过缜密分析，认为“天鸽”将在广东省珠海市近海快速增强。实况证明预报对了，“天鸽”快速增强，发展为超强台风，影响范围包括香港、澳门、珠海、江门等。

针对近海增强台风的预报，在技术上比较有难度。这一次，许映龙他们把握住了。通过复盘，将高空环流形势对台风强度变化的影响加入业务流程，为未来预报提供基础。

不走寻常路的台风还有很多。

2011 年，台风“洛克”本是一个不起眼的台风，靠近日本时，风速较弱，后来却发展成超强台风。大范围强降雨导致塌方等灾害危险升级，日本气象厅发出了高级别预警。许映龙总结，要考虑高层出流和海洋状况的影响。

一般来说，台风靠近陆地时会减弱。2019 年，台风“利奇马”靠近陆地时，在近海出现增强，经过 3 天的海上“流浪”，最终以超强台风登陆浙江沿海。

“每个台风都不一样，这是一种挑战。”许映龙说，“一定要注意细微的异常。细微的差别，都会导致路径的不同。”

在台风刚生成的时候，台风的路径、强度不确定性很大。目前，台风路径 24 小时误差为 60 多千米，已属世界先进水平。但这 60 多千米造成的登陆点误差可能会偏离到另一个省。

气象工作者一直在努力。

许映龙带领预报团队，开展了台风 96 小时和 120 小时预报试验及业务运行和概率预报等开拓性工作。“我努力的过程，就是我跟台风‘缠缠绵绵、相依相伴’的过程。”许映龙笑称，自己好像是在和台风谈恋爱。

“硬汉”的另一面

许映龙被同事亲切地称为“硬汉”。

这个称呼来自于一次预报。2013 年 6 月，台风“温比亚”从南海向广东沿海移动。这个台风不确定性较大，由于结构非常不对称，预报难度较大。

当天，许映龙忙了一个白天，晚上回家匆匆吃了几口饭，又赶回值班室看

许映龙获得“大国工匠”年度人物并接受采访

许映龙在分析地形对台风的影响

许映龙分析天气形势并接受采访（图片来源：央视新闻）

资料。

这时，许映龙发现这个台风果然不走寻常路。他和同事根据新资料调整了登陆的时间和地点，重新发了预警。忙完，已经晚上 10 点多了。

回家路上，许映龙还在不停琢磨台风未来的可能变化。当时，特别疲惫的他，加上雨后路面湿滑，重重地摔了一跤，右手腕粉碎性骨折。医生让他在家休养。

然而，台风"温比亚"即将登陆，许映龙放心不下，吊着绷带回到了工作岗位，一直工作到"温比亚"登陆减弱，预警解除后才休息。他打着绷带，用左手点击鼠标，聚精会神地盯着电脑屏幕——这一幕被中央气象台的同事记录了下来。

工作至今，许映龙大部分的形象都是这样——争分夺秒琢磨台风的"硬汉"。

谁能想到，生活中的他，时间观念并不是很强。

许映龙把大部分精力都放在了工作上，很少陪伴妻子和孩子，他觉得对家庭特别愧疚。他的妻子虽然不从事天气预报业务，却很理解这一行的辛苦，也很清楚"追逐"台风的意义。当他摔了一跤，忍着刺骨的疼痛回到家中时，细心的妻子发现他的异样，连夜带他去了医院。虽然妻子也劝说他留在家里恢复，但也支持他回去工作的决定。空闲时，许映龙喜欢做家务，做得一手好菜。许映龙给自己的评价是，"比饭店做得更好吃些。"

"我也年轻过、文艺过，是什么把一个文艺青年变成了一个头发花白的'气象老专家'，'罪魁祸首'就是它——台风。"一次，许映龙受邀参加讲座，第一页放了两张自己的对比照片。

年轻时的他是一位文艺青年。在上大学时，他留着稍长的头发，文艺气息扑面而来。有的班有班级刊物，许映龙便积极参与班刊编写，写写诗歌。转眼，时间的齿轮转到四十岁时，他的头发就开始白了，现在几乎都白了。为了追风，他从风华正茂的少年，成为头发花白的"气象老专家"。"白发是不是让我看着更成熟、更有魅力了？"许映龙调侃道。

许映龙喜欢经济学，如果不学习气象，他也有可能学经济学。1999 年，他获

得清华大学经济管理学院硕士学位。他还喜欢骑着自行车逛北京的街道和大大小小的书店。每当静下心来看书，他都觉得心情变得轻松起来。退休后，他打算多读一些书，抽出更多时间看一些文史类书籍。

除了紧张的业务工作，他也喜欢做气象科普。“‘马力斯’是一个典型的‘土台风’，生成于南海，云系结构不对称，强度不大。目前，其移动路径较为确定，整体偏北移动，强度受广东西部近海海温偏低影响不会出现明显增强。登陆后，受地形摩擦，它的强度将减弱较快。”——2024 年 6 月，初台“马力斯”生成，许映龙立马通过《中国气象报》和中央气象台微信公众号进行科普解读。

面对台风，他侃侃而谈，与平时的沉默寡言判若两人。

“许首席特别亲切，总能用通俗、质朴的语言把专业的科学现象解释清楚，和他沟通感到亲切又愉快。”这是中国气象报社记者闫泓对他的评价。前几天，今年台风新的命名表新鲜出炉。记者赶去采访许映龙。他话不多，但认真又亲切。

“许映龙老师发表在《气象科技进展》上关于德沃夏克技术的科普文章，依然是很多人了解台风定强技术的最全面指引。”气象同行如是说。2015 年，几位喜爱气象的在校学生向许映龙请教“威马逊”台风强度分析中的难点。他们都不是学气象专业的，但都是台风迷，“很担心许老师会以官方辞令敷衍了事，没想到他非常热情。”后来，他们还一直和许映龙保持联系，就台风、数值模式、AI 模型的相关话题开展交流。许映龙也总是认真对待，给出有充分数据依据的观点。

是学生也是老师

许映龙获得“大国工匠”称号，气象工作者都为之振奋、受到鼓舞。“榜样的力量。”向纯怡点赞。

“预报是团队相互协作的工作，荣誉是集体智慧的结晶。”许映龙很谦虚，“中央气象台为我提供了成长的平台和条件，为我营造了和谐融洽的氛围和环境，给予了我充分的肯定与鼓励。”

在中央气象台，台风临近时的集体会商是一个传统。大家通过及时集体会商，提高台风预报水平，为准确、及时的预报贡献集体智慧。“我们所做的每一次登陆地点的判断，都要经过时间的检验，也要经得起科学的质疑。”即便光阴飞逝，许映龙仍清晰记得2007年的一次台风及海洋专家组会议上，他和同行为了确定一个台风的登陆地点，展开了激烈讨论。

“把气象的优良传统和作风传承下去。”许映龙说起老一辈气象工作者对自己的指导，眼里泛起泪光。“我是跟着老一辈预报员成长起来的，他们敬业爱岗的点点滴滴，我都看在眼里，现在我也是老预报员了，不能丢了好传统。”

中国工程院院士陈联寿是许映龙的老师。他认真、负责的态度也一直深深地影响着许映龙。“陈老师已经90多岁了，仍然关心每一次重大登陆台风过程服务，关心指导我们的台风监测预报服务工作。”

2010年10月中旬后期，数值模式预报显示，台风“鲇鱼”将有可能影响海南岛。前期，海南岛已经出现了两次大范围持续性强降雨，平均降水量达874.5毫米，是常年同期的5倍以上，并出现旱涝急转。如果“鲇鱼”在海南岛登陆，将出现非常严重的灾害叠加影响，预报员们都很紧张。这时候，中央气象台的一位早已退休的老专家范永祥给值班室打来了电话，分析由于西风带系统的影响，“鲇鱼”在南海北部将有可能出现路径北翘，并可能在福建南部到广东东部一带沿海登陆。实况证明，“鲇鱼”最后在福建省漳浦县沿海登陆，他的判断对了。

很多老专家退休后仍然关心关注预报工作，这让许映龙很是感动。他觉得，老专家们有很多经验，如果这些经验没有传承下来，那将非常遗憾。这几年，许映龙和同事们一起在写一本书:《台风监测预报技术方法》。每次台风结束后，他都会搜集包括实况数据、卫星数据、数值预报模式产品等资料，对每次预报进行个案复盘分析。他希望，把这些经验传承下去。

作为中国科学院大学地球与行星科学学院兼职首席教授，许映龙还教了10年

书。他教的课程是台风的预报与预警，他很欣赏年轻人对科学的探索，也很珍惜与学生交流的机会，希望能把老师教给他的科学理论与做人道理教给年轻人。他告诉年轻人："很多事情虽然平凡，但是你付出以后，一定会活出人生的精彩。"

许映龙多次在中国气象局气象干部培训学院主讲台风预报及其灾害课程。对此，学院的老师评价："许映龙不仅把很多精力用在总结台风技术和研究预报方法上，而且花费大量时间参与到有关台风主题的培训资源建设工作中。无论是一线业务工作，还是讲授培训课程，他都精益求精。"

许映龙现在担任国家气象中心台风与海洋气象预报中心技术总师、中国气象局重点创新团队远洋气象导航团队首席科学家，他希望能够培养青年人更快成长。

现在已经成长为国家气象中心台风与海洋气象预报中心首席预报员的周冠博谈到，许首席影响她的不是一件具体的事情，而是对工作的坚守和执着，是沉得下心、耐得住寂寞。在台风登陆的时候，周冠博常常看到许映龙在值守，在认真思考和工作。"许首席用热情在追风，用生命在工作，这就是榜样的力量。"周冠博说。

向纯怡谈到，在防御台风的过程中，中央气象台的预报员们发扬了铁军精神，坚守一线，有打胜仗的决心和信念。"许首席虽然话不多，但是他的执着、坚毅、踏实、努力鼓舞了我们每个人。"

在气象防灾减灾服务成绩榜单上，许映龙的光彩令人瞩目——先后获得中国气象局"重大气象服务先进个人"、中国气象局"全国优秀值班预报员"、全国气象系统先进工作者、中央国家机关五一劳动奖章、全国先进工作者、北京市科学技术奖三等奖、国务院政府特殊津贴专家和中国气象局新时代气象高层次科技创新人才计划"气象领军人才"等奖励和荣誉。

"好男儿学本事不就是要报效祖国吗？如果说台风预报领域是一片阵地，那我就是这个阵地上的排头兵，带领大家冲锋陷阵，这是我爱国的一种方式。"许映龙说。

张志清

张志清，男，1963 年 4 月出生，国家卫星气象中心正高级工程师。1986 年毕业于东北大学计算机科学及工程系无线电专业，投身气象卫星工作至今，见证并参与了我国风云气象卫星事业发展全过程，从一名普通的工程师成长为主任设计师、副总设计师，再到风云二号和风云四号卫星地面应用系统总设计师。他带领团队大胆探索、潜心钻研，成功推动风云二号卫星业务化运行和定量化应用，突破一系列核心技术，研发出具有完全自主知识产权的中国方案，使风云四号卫星走在世界前列。2024 年，他获得“国家卓越工程师”称号。

张志清

男儿不展风云志　空负天生八尺躯

《中国气象报》记者　刘钊

"坐地日行八万里，巡天遥看一千河。"

我们今天要讲的故事，正如毛主席在60余年前写下的这两句诗一般，志存高远，又根植现实；远眺星空，又脚踏实地。它关乎在3.6万千米高处俯瞰地球的卫星，又关乎每人每天踏足的大地。

这是一个气象卫星的故事，更是一个如何让卫星观测所得数据落地生根、有效应用的故事。这是风云二号、风云四号卫星地面应用系统总设计师张志清的故事。

燃情岁月——恰同学少年　风华正茂　书生意气　挥斥方遒

1986年12月初，已是北方的冬日，张志清从上海学习回来，走进北京郊外一处从外表看来毫不引人注目的院落。

院子四周，都是农田。院子足足有100亩（1亩=1/15公顷），但里面只有几栋孤零零的楼，显得空荡又冷清。

这就是北京气象卫星地面站吗？设备在哪里？信号怎么接收？我们的卫星又在哪里？

那个时候，地面站才刚刚开始建设，而距离第一颗风云气象卫星发射升空，还有两年时间。面对这个此前并不了解的工作，张志清的第一感觉是迷茫，但很快，迷茫转换成忙碌，又进一步升华成了自豪。

刚刚从东北工学院（现东北大学）计算机科学及工程系无线电专业毕业，被分配到国家卫星气象中心（以下简称“卫星中心”）的张志清发现，虽然此前对气象卫星一无所知，但自己的专业完全对口。

在这里，一切从零开始，哪怕是最基础的事情。铺设电缆、测量接地电阻、安装和调试设备、夜里爬上楼顶测定真北……在热火朝天的建设中，他很快忙碌起来，全身心地投入到工作中。作为新人的他，做什么都充满热情，就连固定在槽架里的电缆都被他绑得整整齐齐，被大家作为观摩学习的榜样。

而彼时还在起步阶段的气象卫星事业的全貌，在日复一日的工作中，逐渐铺展在青年张志清的面前，使他逐渐意识到，自己亲身参与、亲手建设的，是一项高瞻远瞩的事业，一个规模宏大的系统，也是一个意义非凡的壮举。

我国第一颗极轨气象卫星工程，代号“711”，其最初设想要追溯到1969年。那一年1月，强寒潮袭击我国，大范围冰凌和大雪导致全国不少地方交通瘫痪、通信中断。1月29日，周恩来总理在听取气象部门汇报后提出两点明确要求：一是应该搞我们自己的气象卫星；二是在我们的卫星没有搞出来以前，要想办法接收外国气象卫星传递的气象情报。自此，气象卫星事业逐渐起步。

气象卫星工程分为卫星、运载火箭、发射场、测控和地面应用五大系统，张志清所从事的工作属于地面应用系统，负责卫星发射后对卫星有效荷载的运行管理，以及从卫星下传数据的接收、处理、分发、应用、服务，是充分发挥卫星应用效益的坚实保障。按照航天工程建设的原则，为了充分发挥卫星的效益，地面应用系统的发展要略超前于卫星的发展。

初来乍到的张志清，已经能够从身边的点滴细节中，察觉到自己所从事工作的重要性。

“刚到北京工作，给家里写第一封信，发信地址不是写国家卫星气象中心北京气象卫星地面站，而是写北京市5113信箱。”张志清笑称，这份工作带着几分神秘，同时也有几分自豪，大家是在秘密为国攻关一个科技难题，令人激情澎湃。

激情，是改革东风浩荡的20世纪80年代最重要的关键词之一。彼时的卫星中心，又聚集着这个激情洋溢的年代中最生机勃勃的一群人。大家来自全国各地的高校，聚在一起时，就是要做一些事情，发一些声音，成就一番事业。

“大家都没做过这些工作，什么都不会、什么都要做的时候，真的很长知识！我那时总是去查资料，读说明书，摆弄各种仪器。”忆起往事，张志清流露出的是欣喜，以及一点小得意。所有人都是初来乍到，从事一项崭新的事业，凭着为祖国填补空白的一腔热血，一头扎进未知、驶向蓝海。他觉得他们这代人身上有一股劲儿，“就想做事，而且把事做好，做到极致。”

由于气象卫星事业是白手起家，很多知识需要从头学起。张志清白天在地面站工作，晚上坐班车回到国家气象局大院，总是到卫星中心大楼内的地面站办公室自学。

“大家都在学习，物质生活虽然不是特别丰富，但是很快乐！”他忆起，每到晚间，整座楼总是灯火辉煌，有人学英语，有人看资料，有人上机调程序，有人研究算法。大楼的灯光，映照出昂扬向上的氛围，那是一种独属于那个年代的特色和浪漫。

1988年9月7日，我国第一颗极轨气象卫星风云一号A星发射升空。很快，地面接收到了由一条条线接续组成的卫星云图。适逢世界气象组织第二区协第九届会议在北京召开，会场就设在国家卫星气象中心会议厅，时任国家气象局局长邹竞蒙在会上展示了风云一号A星第一张可见光云图。

“那可是咱们自己的卫星，自己的观测数据！”近40年过去了，那一刻仍能让张志清激动非常。

只不过，这份激动没能维持太久，卫星的姿态就出现了失控问题。从地面接收的信号中，张志清能清晰地看到，云图越来越歪斜，锁相信号灯越来越暗，数据同步器格式分离信号驱动的喇叭，由有规律的“滴滴”声，逐渐稀疏直至消失。

“那种感觉就像守护一个临终的病人，看着仪器显示的心跳慢慢消失，非常揪心。”张志清说，虽然状况越来越坏，但大家依旧坚持配合西安卫星测控中心“抢救”，每一天都在期盼着卫星的“病情”好转。但很可惜，运行 39 天后，风云一号 A 星还是彻底失控，宣告停止数据接收和产品处理。

卫星暂时受挫，但地面应用系统还是要继续前进。张志清很快整理好心情，把精力投入到地面应用系统的研发改进中。

当时，接收卫星数据的设备经常出现故障，设备的“命门”是卫星接收天线控制系统，更准确地说，是一台用来控制天线的 Intel 86/310 计算机。控制卫星接收天线是一项非常考验精密度和反应速度的操作，靠人工完成根本不可能，需要计算机全程介入。但这台负责控制天线的 Intel 86/310 非常不稳定，三天两头“趴窝”。每次出问题，卫星数据接收就被迫中断。

Intel 86/310 不但容易坏，还不好修。当时，国内能够维修它的就只有原航空工业部的某研究所，但维修力量也有限，设备坏得多了，修理起来竟然要“排队”，有时要排上一个月之久。

天线控制系统总“罢工”，修起来时间还“没谱”，这显然不是长久之道。作为该系统技术负责人的张志清，就动起了从根本上解决问题的脑筋，试图把天线控制系统从“娇气”的 Intel 86/310 移植到普通 PC 机上。

熟悉 PC 的张志清，开始对自动控制原理的学习，发现自动控制所用的方程，和无线电的锁相技术颇有相通之处，于是自己搭建了一个简单的系统，演示给时任卫星中心主任、后来成为中国工程院院士的许健民看。许健民拍板，拿出当年的“主任基金”交给张志清，要他做完这个系统。张志清笑称，这是他人生第一

笔“风险投资”。

许健民的信任，给了张志清莫大的鼓励。此后不到一年时间，他带领团队与研制厂商密切合作，自己设计电路图，制作电路板，移植控制软件……在这个过程中，他还找到了控制软件原本带有的许多低级缺陷，并逐一加以修正、改进。最终完成的新系统不仅实现了完全替代，性能与稳定性也有了不小的提升。

天线控制系统的“核心科技”实现了自主，还不满足于此的张志清在前期工作的基础上，进一步把系统升级成了自动控制、完成了小型化，又增添了静止气象卫星接收功能。原本“三天打鱼、两天晒网”的天线控制系统得到大升级，成了国内第一套多功能小型化全自动卫星数据接收设备。从不稳定到可靠，从人工到自动化，从专用到通用，就连控制系统的成本，也从一套 50 万元降至不到 3 万元。在验收会上，这项成果得到了中国科学院院士陶诗言的高度赞许。

“既便宜，又容易掌握。”张志清说，许院士的这笔风险投资，非常成功。

紧跟着成功的，是气象卫星事业进一步开疆拓土，风云二号静止气象卫星工程立项，地面应用系统进入研制阶段。1990 年，静止卫星科成立。

静止气象卫星，全称地球同步轨道气象卫星，工作在赤道上空 3.6 万千米处，运行与地球自转同步。我国发展静止气象卫星筹谋已久，静止气象卫星总设计师李卿曾在一篇文章中写道：“为了彻底改变依赖外国卫星、看人脸色的局面，我们航天人和气象人的最大心愿就是：不管遇到多大的困难，都要尽快研制出具有国际水平的地球静止气象卫星。”

张志清扛起重担，被任命为这个新成立的、拥有 36 人的静止卫星科的科长，开始研发静止气象卫星地面系统。

至暗时刻——四面边声连角起　千嶂里　长烟落日孤城闭

1994 年 4 月 2 日，即将发射的风云二号 01 星在西昌卫星发射中心测试时发生事故。

那一天恍如昨日，哪怕在30年后的今天回望，张志清的脸上也写满了遗憾与辛酸。他说，这个日子，自己做梦也不会说错。

此前，经历了四年多的研发，风云二号的地面应用系统已经准备就绪。卫星发射前的几个月里，张志清和同事都泡在机房里，紧张地调试设备。每一天，他们都会从西昌前线收到传真，报告卫星的最新状态，每个阶段的测试都很顺利。但4月2日这天，传真迟迟没有送达。最后，大家等来了一个电话，传来了卫星发生事故的消息。

刹那间，张志清呆在原地。所有人都停下了手中的活计，方才还在讨论问题的同事全部陷入沉默。机房一片寂静，只剩下设备发出的嗡嗡声显得格外清晰。

在风云二号机房内，张志清与同事讨论问题

张志清坦言，风云二号01星事故，带给地面应用系统研制人员的打击，远比风云一号A星只坚持了39天严重得多。此前的地面应用系统除了接收自己的卫星以外，也可以接收国外卫星的数据。但静止气象卫星的观测功能是通过卫星和地面应用系统协同工作完成的，风云二号的地面应用系统属于“量身定制”，从测控到测轨，都是瞄准风云二号“量体裁衣”研制。没有了卫星，这个庞大复杂的系统就成了无源之水、无本之木。

旦夕之间，张志清及其团队没有了用武之地。在沮丧的情绪中，有人开始萌生退意。

团队成员基本都是学电子专业的，二十世纪八九十年代，这样的人才走到哪里都吃香。在挖墙脚之下，近三分之一的团队成员陆续离开了。

张志清本人也不是没有收到过邀请。中国气象局紧邻中关村，很多校友在附近开公司，想挖他过去做高管。但他又难以割舍自己倾注心血研制的地面应用系统，因此迟迟没有答复。

纠结之中，父亲的一席话帮助他理清了思绪。

“不要出去，你出去干什么？为国家做事，走的才是正道。”父亲斩钉截铁的话语，让张志清坚定了自己的志向。“回想起来，能走到今天，还要感谢我的父亲。”

在地面应用系统团队发生动荡的时候，也有人质疑静止气象卫星的前途。毕竟发生了这么大的挫折，是否能继续坚定发展我国自己的静止气象卫星，在很多人看来是个未知数。

时任中国气象局局长邹竞蒙是坚定的领导者和支持者。事故发生后，他就给工作人员打气，告诉大家不要丧失信心，亲自看望伤员，“我们一定要搞下去的！”不久之后，来自党中央、国务院的决定传来：风云卫星继续发展，风云二号也要继续研制。

这给张志清他们吃了一颗定心丸。但此时此刻，摆在团队面前的是更现实的困境：没有卫星，巧妇难为无米之炊，大家处于无法进入实战的状态。

“没事干，人就会荒废。”张志清说，要想留人，必须有事可做。当时，地面应用系统还远远谈不上尽善尽美。他要带领团队做的事，是继续改进系统，发现问题、解决问题，提升可靠性。

说起来容易，做起来难，改进系统需要在接收卫星信号的实践中进行。现在没有卫星，自然也没有信号。张志清便带领团队研制了卫星测控模拟器、三点测距模拟器，把模拟器建在京郊百望山的气象塔上，用地面应用系统接收模拟器传来的信号，构成一个模拟的星地回路。

卫星虽然是模拟的，发现的问题却是真实的。用这个方法，张志清和团队陆续发现和解决了大量的问题，修补了各式各样的缺陷。其中，张志清发现，测距结果显示“卫星”每天远离 1 千米。但模拟卫星放在塔上，塔怎么可能跑远呢？

顺着这个线索查下去，果然发现了测距电路隐藏的热设计问题。

这样的工作忙碌而孤独。天上没有卫星，他们只能跟自己较量，跟自己脑海中的那个“风云”较量。“卫星终会上天，我们地面系统不能拖后腿！”张志清的想法很坚定。

1997 年，风云二号第一颗试验星 A 星发射升空，此时，地面应用系统的设计缺陷和各类问题已经基本得到解决，虽然 A 星不久后由于故障失去了业务功能，但地面应用系统团队一直没有放弃卫星的在轨管理，借此积累了大量的空间工作数据与经验。2000 年，第二颗试验星 B 星发射升空。在这个过程中，地面应用系统利用真实的卫星数据，验证了星地总体方案，优化了细节技术指标，建立了完整的星地流程，解决了卫星云图的定位问题。在模拟卫星上做不到的卫星测控，也在实践中获得成功。卫星观测的原始资料，已经接近能够使用。

“罗马不是一天建成的，科研实际上是没有捷径可走的。”张志清说，风云卫星的发展是一个艰辛的过程，成功源自坚持不懈的努力、一点一滴的进步。风云二号 A 星、B 星的技术积累，都为风云二号 C 星的成功做出了不可磨灭的贡献。

而当风云二号 C 星发射成功，并进一步实现了定量化应用，被世界气象组织纳入全球地球观测业务卫星序列时，阴霾散去，光明到来，风雨之后，终见彩虹，我国静止气象卫星就此彻底走出低谷，在多年点滴积累后，迎来了一次真正的质变。

风云再起——会挽雕弓如满月　西北望　射天狼

2004 年 10 月 19 日，风云二号 C 星腾飞而起，直上太空。

这颗在 B 星基础上又做了 256 项技术改进的卫星，和它那些自始至终停留在试验阶段的前辈不同，在升空后，经过在轨测试和业务试运行，很快达到了使用要求。于是，在 2005 年的汛期到来前，全国的气象卫星接收天线对准了风云二号 C 星。

“A 星和 B 星最大的问题是可靠性，没达到业务应用的要求。到了 C 星，我们终于建立了第一代静止气象卫星观测系统。”张志清说，有了 C 星以后，我国台风、强对流、暴雨这些重要天气过程的监测，终于可以不再依赖接收国外卫星数据了。

夙愿得以实现，并不意味着一劳永逸，气象卫星事业始终处在动态发展的过程中。张志清坦言，风云二号 C 星取得成功后，自己很快投入了进一步的优化改进工作中。

如今，发射升空的风云卫星往往都有 9 年、10 年左右的寿命，但早期的卫星则远不及此。

一颗卫星从论证、研发到发射、测试乃至业务运行，所消耗的人力物力巨大，如果能尽量延长卫星的寿命，岂不是事半功倍的大好事？

对于风云二号而言，制约卫星寿命的最大短板，是燃料。静止卫星在轨运行的时候并不是绝对保持在静止轨道上的，一方面，地球本身不是规则球体，另一方面，卫星也会受到月球引力等影响，不停远离地球，因而需要花费燃料去保持位置。此外，卫星的倾角在运行中也会发生变化，一年会向正方向倾斜将近 1°，当倾角超过 2.5° 时，就需要燃料来做南北轨道控制，卫星所携带的燃料仅能支持做一次这样的控制。

在卫星发射过程中，作为还分管卫星接口的副总师张志清敏锐地发现了问题的盲点：最早大总体分配指标时，要求火箭把卫星轨道打成 0° 左右的倾角。既然火箭可以把卫星轨道打成负倾角，如果发射时就设计成负 2.5° 的倾角，卫星轨道运动自然变化的时间不就能够翻倍吗？他笑称，这一点“小智慧”，就为后续发射的卫星，多争取了两年以上的工作寿命。

提高工作寿命之外，另一个亟待解决的问题，是卫星观测数据的定量化应用。张志清坦言，风云二号卫星图像质量虽然已经达到较高水平，但直到 2009 年前后，卫星观测数据的定量化应用仍然是一大困扰，红外定标不稳定，误差大的时候可达 10K。如同尺子要有刻度才能测量，卫星也需要一个衡量测得数据的标准。定标，就是给卫星观测这杆秤加上定盘星。

2010 年，他被任命为风云二号和风云四号地面应用系统的总设计师。既要做好风云二号应用和性能提升工作，又要论证研制新一代的静止气象卫星观测系统，可谓千头万绪。

为了解决定标这个紧迫的难题，张志清一度停下手头其他工作，就盯住这一个问题。

定标的一般方法，是在卫星光学系统前面放置一个黑体。黑体是一个理想化的发射物体，能够吸收外来的全部电磁辐射，并且不会有任何的反射与透射。用黑体挡住光路，就能把整个光学系统进行定标。但风云二号的成像辐射计的光学系统口径将近 1 米，很难做到用如此大的黑体进行全光路定标。因此，不得不采用在后光路放置黑体的方式来定标。从卫星进入业务应用以来，一直在试图解决这个问题。但以前大量的研究都认为是卫星前光路主反射体不稳定，仅靠后光路黑体定标这条路走不通。

难道就这样放弃吗？张志清不想认输："同期欧洲和日本的静止卫星和风云二号结构接近，但也都解决了定标问题。他们可以，我们为什么不可以？"同时发现，以前结论的焦点是无法分离出前光路的因素。他利用多年来从事电子系统设计的经验，推导出一个大胆的想法：如果用月亮来验证前光路是稳定的，那么后光路黑体定标就可以解决问题。

静止轨道卫星高悬于 3.6 万千米高空，从这里看月亮，无需经过大气。尽管月亮不是完美的黑体，可以视为一个灰体，但模型的发射率是很稳定的。通过卫星在特定月相时观测固定的区域，积累大量的数据，便可以互相对比分析，验证卫星的成像辐射计主反射体是否稳定，进而开展基于月球辐射校正的内黑体定标。

打开思路后，张志清组织了专门的技术队伍攻关月亮定标，成功完成了长波定标。特别可贵的是，郭强副总师还找到了新的方法，通过一个定标好的长波波段把水汽、中波等其他波段的定标参数解算出来。自此，风云二号系列卫星的定标难题宣告解决，不仅稳定，而且误差降低到了 1.5 K 以下，卫星资料应用实现了从定性到定量的重大转变。

这当然不是风云二号“进化”的终点，也不是张志清努力的终点。从 01 星、A 星、B 星、C 星，直到 2018 年发射的 H 星，横跨 20 余年，9 颗风云二号卫星不断优化改进，地面应用系统也在不断升级完善，功能不断扩展、性能不断提高，为改善预报水平、支撑防灾减灾立下了汗马功劳。

既谋划长远，又干在当下。在风云二号“打怪升级”的过程中，张志清还带领团队在做着静止轨道气象卫星升级换代的大工程。

星汉灿烂——九万里风鹏正举　风休住 蓬舟吹取三山去

2016 年 12 月 11 日，西昌卫星发射中心，“长征三号乙”运载火箭带着风云四号 A 星进入太空。12 月 17 日，卫星成功定点于东经 99.5° 赤道上空。

今非昔比，风云四号从第一颗星开始，就获得成功。2017 年 2 月 27 日，风云四号 A 星获取首批图像和数据，世界第一幅静止轨道地球大气高光谱图正式亮相，我国首次获取彩色卫星云图和闪电分布图。9 月 25 日，风云四号 A 星正式交付使用，静止轨道气象卫星观测系统实现更新换代。为庆祝这历史性的一刻，9 月 25 日 17 时至 28 日 17 时，手机微信启动页面的地球图片从 NASA 在全世界范围公开的第一张完整的地球照片，更换为风云四号的成像图。

此后，虽然挂着“试验星”的名头，风云四号 A 星还是成功在 2018 年 5 月投入业务运行，开创了首颗试验星直接投入业务运行的先河，2022 年，又承担起空间与重大灾害国际宪章的值班任务，超期服役到今年 3 月，才交棒给 B 星。

“在我心里，风云四号 A 星永远是一朵盛开的芙蓉。”张志清坦言，如果说对某颗星有偏爱的话，那就是风云四号 A 星。从播撒种子到培育长大，就像自家的孩子，倾注的心血完全不一样。

从风云二号到风云四号，卫星由原本如陀螺一般旋转的自旋稳定，升级为相对固定的三轴稳定，姿态控制的技术升级，带来的是观测效率的大大提升，原本旋转一圈只有5%左右时间可以有效观测，如今理论上可以随时“凝视”地球，而且载重变大，能搭载的仪器也更多。

代际升级是莫大的机遇，也是全新的挑战。最大的挑战在于，卫星如何设计、地面应用系统怎样匹配，已经没有成熟的技术路线可借鉴，一切都要另起炉灶。

张志清回忆，最大的决策难点，在于卫星搭载的辐射成像仪、大气垂直探测仪应该如何安排。当时，欧洲的第三代静止气象卫星MTG选择把这两大载荷分别放在两颗卫星上，以星座方式观测，而美国则选择放弃大气垂直探测仪，只在卫星上搭载辐射成像仪。究其原因，在于同时搭载两个大载荷，会大幅增加卫星姿态控制和图像导航与配准的难度。

风云四号，就选择了这条最难的路线，并最终取得成功，推动我国静止轨道气象卫星一举来到了国际领先位置。“直到现在，还没有第二个国家把大气垂直探测仪‘摆’到静止轨道上去。”张志清说，欧洲、日本也想“摆”，但都得几年以后，而美国的计划要到2035年以后了。

在张志清看来，风云四号A星的巨大成功，不仅是气象人的成功，也是航天人的成功，是国家整体实力上升的体现，更是时代变迁的缩影。

“风云四号的成功，有几个特别值得感谢的人。”张志清说，他们来自不同的单位、部门，却都在风云四号研发的重要节点，起到了决定性作用。

第一个是确定卫星技术指标。风云四号的论证发起自20世纪90年代，2000年前后拿出了一系列相关指标。但到2010年前后国家批准立项时，10年前的指标已经过时。“用10年前的指标去研发，我们的卫星不会先进，也没有办法把新成果运用进去。”张志清说，更新技术指标，在很多人看来有些冒进，但当时中国气象局主管气象卫星工作的宇如聪副局长拍板：“只要科学合理，你们就大胆放开去论证。”最终，在经过7份技术指标调整论证报告后，风云四号项目以更先进的指标上马，直到今天仍然保持着国际先进的地位。

第二个是做出同时搭载成像仪、探测仪的决定。张志清回忆，当时，能否在一颗卫星上放置成像仪、探测仪两大载荷，引发了激烈的争论。这种做法没有前例可循，有人担心两台大仪器在一颗卫星上工作会相互干扰，带来巨大的工程风险。在大家莫衷一是的时候，许健民院士站了出来，在会上发言，坚决支持把两个载荷放在同一个平台上，拍着胸脯担保，“假如真出了技术问题，我愿意承担责任。”于是，一锤定音。

第三个是更换光学系统。中国科学院上海技术物理研究所负责研发风云四号A星的成像仪和探测仪这两大关键载荷。在风云四号A星立项时，希望把预研的光学系统更换为其他型号也已经预研成功的离轴三反光学系统，因为后者性能更优，且对于静止轨道气象卫星有着得天独厚的技术优势。这引起了不小的阻力。中国科学院院士陈桂林站出来发言：“用户的需求就是我们工作的目标，这没有什么好讲的。”就此，风云四号A星用上了离轴三反光学系统，为未来系列发展奠定了非常好的技术基础。

张志清与同事在风云四号卫星测试厂房内

第四个是采用大型卫星平台。卫星平台是航天器的基础结构，用于为载荷提供安放位置。起初预备使用的平台比较小，其中心承力筒又占据了很大的空间，留给载荷的位置更加狭小。但风云四号A星的仪器性能想要提高，就需要占据较大的空间，气象部门希望能更换到一款六边形的大平台上。就此，负责研制卫星的中国航天科技集团公司第八研究院召开专家评审会，包括静止气象卫星、雷达遥感卫星的开拓者，风云二号卫星总设计师魏钟铨，中国工程院院士、风云一号和三号卫星总设计师孟执中在内的专家，认定大平台更适合风云四号，技术完全可行。最终，风云四号得以凭借更先进的卫星平台一展身手。

张志清感慨，正是这些来自多方的合作与坚持，推动风云四号 A 星取得了成功。也正是由于在这个时间阶段，我国各方面技术储备都达到了较高的水平，才为风云四号达到世界先进、部分领先水平提供了基础。

而作为总设计师，在推动风云四号地面应用系统研发过程中，他也深刻体会到了时代的变化，以及数十年坚持“小步快跑”的收益。

风云四号的地面应用系统相比二号，复杂程度可以说又上升了若干个量级。风云四号的原始数据量是二号的 80 倍，如何实现数据稳定传输，是一个新的难题。张志清选定了极化复用的技术路线，带领团队带着卫星部件钻进了测试场里进行反复测试，证明技术是否可行。更为复杂的导航配准问题，则由地面应用系统团队与卫星、载荷、姿控等团队合作成立工作组，历经 10 年攻关，才得以解决。凡此种种，不知道经历了多少次直到深夜的讨论，多少个大大小小的试验，多少轮的算法验证……尽管问题如此复杂，但“经历了这么多发展的积累，交过这么多学费，也到我们该成功的时候了。”张志清说，风云四号 A 星能够一举成功，是以过去数十年辛勤耕耘为基础的。

风云四号 A 星交付，张志清（右）与卫星总师合影

成功不是终点，而是更高的起点。张志清坦言，性能的提高是气象卫星永恒的话题。早在 2017 年，风云四号 A 星还在在轨测试时，团队已经提出了风云四号 02 批卫星的技术指标。每一颗新

研制的卫星，都要在上一颗的基础上进行几十甚至上百处的优化提升。

“把事做好，做到极致。”这是张志清的信条，也是风云卫星和它背后这群可敬可爱的人，数十年一路走来的真实写照。对于这个集体而言，进步没有终点，坚守与拼搏会永远持续。但对于个人而言，人生总有新的节点需要迈过。

2023 年，张志清 60 岁了，开始办理退休。在他的计划中，退休生活仍将与风云卫星的进一步发展为伴。而他没有意料到的是，自己入围了“国家工程师奖”的首次评选表彰，被授予“国家卓越工程师”称号。

他眼中仍有光

2024 年 1 月 19 日，张志清在北京人民大会堂参加了“国家卓越工程师”表彰大会。

“真的没有想到，会把这个荣誉给我。”张志清坦言，这是意料之外的殊荣。惊讶之余，他有欣喜，更有感动。

张志清获得“国家卓越工程师”称号

“这个荣誉的获得，首先要感谢组织的推荐，更重要的，是我们国家在人才评价机制上的不断改进。”张志清说，做工程往往是寂寞的，很难在短期内出成绩。一项工程短则 10 年，长则 20 年，经常需要相当长的周期，才能够取得成果，一个人一辈子，也就做几件事。在工作生活节奏越来越快的当下，长周期工程能够得到国家的认可，证明了在人才评价机制上，越来越具备长远的眼光。

“这个奖当然不只属于我，而是属于整个团队。”张志清打了个比方，卫星工程都是“大兵团作战”，靠的是集体的力量，假如自己一个人去做，“一座碉堡也攻不下来”。

领奖当天，张志清离开人民大会堂后，又回到了他熟悉的科研工作中。虽然已经退休，但他觉得自己的工作生活节奏变化不大。最主要的变化，是没有了琐碎事务的烦扰，反而更能集中精力，思考一些更前沿、更复杂的技术问题了。

眼下，他仍在脚踏实地，实践着他喜欢强调的“小步快跑”，尽自己的力量继续做一点事——和团队对太赫兹技术及应用进行研究，利用这个技术，让卫星搭载的仪器设备能高频次穿透云雨、大气，把其内部结构看得更清楚。

对下一代的静止气象卫星，他有长远的展望。“未来我们要把主动探测搬到静止轨道上去。”张志清说，现在的大气垂直探测仪看不到被云遮住的物体，微波探测虽然能穿透云层，但只能观察三维温度和湿度结构，不能看清云是什么相态、冰晶粒子大小等等。解决这些问题，要靠主动探测，靠云雷达和降水雷达。

这个目标很宏大，但张志清相信，这并不是一个很遥远的梦，很多分项技术基础眼下已经具备，只待进一步做融合和工程适应性设计工作。

谈到风云卫星的未来，他眼中仍有光。这道光生自朴实却坚定的初心，穿越40年的岁月，从最初由神秘而生的自豪，到洋溢着青春活力的勇敢探索，到风雨飘摇时的守望与坚持，再到苦尽甘来后的收获与荣誉，从未改易，明亮如昔。

张发喜

张发喜，男，汉族，1945 年 5 月出生，中共党员，中国气象局机关退休干部，海淀区北下关街道居民。在机要战线工作 20 余年，从来没有发生过一起失泄密事件，曾获“全国保密先进工作者”称号。2005 年从中国气象局机关退休后，作为社区居民代表、楼门组长积极参与社区志愿服务，2018 年 73 岁高龄之际成为“小巷管家”，持续发挥自己的光和热。近年来，荣获首都精神文明建设奖、优秀小巷管家、海淀区“文明人物”提名奖、第六届新时代“北下关好人”等荣誉称号，荣登 2022 年北京榜样八月周榜。2015 年完成遗体捐献手续，做最后的奉献是他最大的心愿。

张发喜

活成光，温暖他人

《中国气象报》记者　吴卉

“没有毛主席和共产党，我们穷苦人就不会有今天幸福的生活。报这个恩，就要永远为人民服务，这是一个共产党员的初心和终极使命！”

——张发喜

第一次见到张发喜，他刚过完 79 岁生日。这个小老头个子不算高，头戴小红帽、身背帆布包，红色马甲内里隐约可以看到“光荣在党 50 年”纪念章的一角，眉梢眼角满是笑意，精气神更是一点儿不逊年轻人。

他笑称自己是个准“80 后”，即使步入耄耋之年，依然“管不住”他那双迈向社区的腿，“收不住”他那颗服务人民的心。张发喜现在每天都要去小区巡视，观察社区边边角角的变化，就像每天要看天气预报一样，都是生活“必需品”。小区居民都称他是“热心肠的老大哥”“社区的好管家”。

而这，仅仅是他人生中的一部分。倘若以现在为锚点，回望过去近八十年时光，提起那些人、那些事，张发喜便再也止不住话匣子。

走出——“只有通过不断学习，才能摆脱原定的命运”

如果简单归纳张发喜 20 岁以前的人生，是一个不断“走出”的过程。

1945 年，张发喜出生在湖北省宜昌市兴山县榛子乡殷家湾一个穷苦的山村，是家中 8 个兄弟姐妹中的老大。

当时家里有多穷？童年记忆里是永远漆黑的夜晚和总是漏水的屋顶。

张发喜的家是三间不大的破草房，三世同堂。那时只要天公不作美，屋外下大雨的同时屋内就会下小雨，从床上到地下都要铺满锅碗瓢盆接水；到了晚上，全靠烤柴火和松树油点树枝照亮屋子；赶上生病了，也只能捡别人倒在门口的药渣回来“救命”。张发喜平日里除了照顾弟弟妹妹以外，还要打猪草、拾柴火以贴补家用，维持生计。也正是如此，他 10 岁仍未上小学。

根据当年入学政策，年龄超过 11 岁就无法上学。很显然，张发喜上学的问题已经迫在眉睫。“被姑姑提醒上学时间点后，爸爸妈妈下定了决心：不管家中有多困难，我们都支持你去上学！”

“家里同意”仅仅是这条求学之路的第一关。

张发喜的家距离板庙小学有 4.5 千米路，且是崎岖的山路，上学得走一个多小时。“当时家里经济困难，穷到连草鞋也没有，经常是光脚走路上学。”张发喜至今还忘不了当年叔伯二爷用山上采下的毛草打出来的草鞋，“那双草鞋平时都舍不得穿，专门留到过年穿嘞。”

也正是因为家里穷苦，每天放学后，张发喜总是三步并两步，快步小跑回家，帮忙打猪草、拾柴火，一点儿也不敢和同学在路上玩耍。甚至小学一年级至四年级的书杂费，全部都是张发喜自个儿上山采摘金银花等药材换来的。

即使如此，这样的学习生活并没有持续很久。

张发喜准备升五年级的时候，国家遭遇三年经济困难时期，新政策规定小学中年满 14 周岁的不能再上小学。此时，张发喜只能辍学回家参加劳动赚工分。

因为之前在校学习好，张发喜一回到生产队，当地负责人就让他担任食堂保管员，并负责记账管理。这个工作看似简单，实则繁复冗杂：做大锅饭主要根据每个人每个月工分换算成口粮后提前计划每天的饭量，每顿饭不能太少不够吃，也不能剩下太多以免浪费。

“比如，一顿饭下了 2.5 千克米面，作为记录者就不能多记一两，或者少称一两，每顿剩下的饭菜需要公平公开处理。”张发喜解释，“我的工作就是做好监督，不能出现贪污或糟蹋粮食的情况，每半个月要向全体社员公布一次账目和管理情况。”

起初，张发喜的妈妈和外婆并不同意他干这项工作，原因也很简单——这项工作若是出了一点小差错，即便不是他的错，又如何能说得清。“我理解她们的担忧，但只要自己做得正，相信不会出问题。”为此，小小的张发喜想出了两个办法：

一是将生产队长的要求向食堂做饭同志说清楚，并写成纸条贴在粮食仓库的门上，以作提醒。

二是在厨房和粮食仓库门上同时使用两把锁，由张发喜和做饭同志各自保管一把，一人未到时谁也不能进去。每天称米面时必须两个人同在。

经过半年实践，食堂保管工作没有出现一点纰漏。“这个管理方法好！让其他六个生产队都好好学学。”健康大队部支部书记吴正清在生产大队会议上专门表扬。也正因如此，1960 年 2 月，张发喜被提拔到大队部担任通讯员，并被要求晚上住在大队部值班。

从这时起，还不到 15 岁的张发喜算是正式离开家里，开启了独立生活。

同年 7 月，国家政策支持大龄青年继续上学。“这简直是求之不得的事情呀！”张发喜大喜，他深知如果一直没有文化就会永远穷下去，只有通过不断的学习，才能摆脱原定的命运！“希望长大后能当一名小学教师，每个月多少能拿点工资贴补家用，特别是可以给外婆看病，解决家中经济困难。”

同年 9 月，张发喜正式入读板庙小学六年级。

怎么四年级辍学的，复校后却是六年级？问题的关键在于年龄，当下张发喜年岁已长，倘若从五年级开始读起，届时极有可能不让考入中学。因此，张发喜需要白天上六年级的课程，晚上“加练”学习五年级课本内容。

即使面临生活、学习等多重压力，张发喜仍于次年 7 月顺利通过期末考试，成功考入榛子半农半读农村中学——一所可以边劳动边学习的学校。在那里，除了学习之外，每周还要有四个半天参加劳动，主要负责种植玉米、土豆，上山拾柴，挑水做饭，打扫校园等活儿。

此时，“当老师”这一梦想，仍然深深扎根在张发喜的心中。“想当老师的愿望很不错，但要首先要明确‘为谁读书’这个问题，不能只简单考虑解决家里困难，要将目标放大到为穷苦山区改变面貌这个层面上，这样奋斗的动力就更足了。”班主任叶国昌得知此事后极为肯定，并指出实现这一梦想还需要思想上更加追求进步、在学习劳动上更加严格要求。

这一番话让张发喜很是受用，他以行动践行初心——连续两年被评为校三好学生，1963 年 1 月加入中国共产主义青年团，随后担任全校团支部书记。

如果一切顺利发展，中学毕业后，张发喜将按照预期进入中专师范学校学习，也许国家就多了一名优秀的老师。

令人意外的是，张发喜填报的志愿是中专师范学校，收到的却是一纸写着“成都气象学校”名字的录取通知书。

这张录取通知书从何而来？这所学校是谁主办？毕业后具体干啥？种种问题萦绕在时年 20 岁的张发喜的心头。直到后来很长时间，他才从班主任口中了解到当年实情：榛子中学根据个人表现情况，在有且仅有一个保送名额的情况下，选择将他保送至成都气象学校。此刻，这一谜团才得以解开。

这张录取通知书，意味着张发喜成为殷家湾第一位高级中专生，也开启了他和气象之间的缘分：走出大山，走向“风雨”。

许诺——“我要把自己的一切都交给党组织”

成都气象学校，是中央气象局在全国直办的三个高级中专气象专科学校之一（另外两所分别是北京气象专科学校和湛江气象专科学校），也是西南地区唯一一所气象类中专学校。该校 1956 年开设气象专业，面向全国招生，它是如今大家所熟知的“成都信息工程大学”的前身。

从湖北兴山到四川成都，现在自驾都需要 10 小时，更别提 20 世纪 60 年代，汽车、轮船、火车……但凡能想到的交通工具，张发喜都坐了个遍，历经几天的颠簸后终于到达学校，成为 1969 级 4 班的一份子。

这次求学之行，也是张发喜第一次近距离接触大城市，满怀向往和憧憬。

路上还发生了一个小插曲：从重庆朝天门码头下船后，张发喜挑着担子步行前往火车站换乘。一条扁担，一头是自家做好的被子，另一头是家里借钱购买的日用品。路过中心街头时，他目不转睛地看着周遭的一切新鲜事物，丝毫没有注意到地上躺着个西瓜皮，狠摔了一大跤。“那时最难过的，还是新买的脸盆磕坏了一大块！”年近 80 岁的张发喜谈起往事，依旧面露心疼。

成都气象学校的课程，除了必学的气象基本知识、天气预报等专业内容以外，还要掌握英语、俄语等外语技能。“很有意思，很难，也很有用。”张发喜连用三个“很”来形容当年课程。

而这样正常的学习，他只持续了头一年。从 1966 年文化大革命开始，学校的正常教学被彻底打乱，直至 1969 年才慢慢恢复正常上课，可以继续学习天气预报观测等技术。

在校期间，张发喜的生活得到了极大的改善：住宿费全免，还领到了最高助学金，每月 11.5 元。“学校食堂每天吃的是大米饭和馒头，改变了我从小吃玉米和土豆的境地，从粗粮到细粮的转变，好像天天都在过年！”张发喜谈起当年伙食时眼睛依旧发亮。

1970 年 2 月，张发喜从学校直接分配到中央气象局在四川江油的 315 资料基地，担任二排五班副班长，主要负责战备气象资料整编工作。这个排也被戏称为“二郎庙和尚排”，因为全排均为男同志。

因当时中央气象局与总参气象局合并，由总参管理，所以，基地的工作以军事化管理为标准，譬如，宿舍严格要求干净整洁，日常需要做操、拉练等。“严格的管理，起初都不太适应，但我作为副班长必须配合排长、班长，带动五班全体同志做好这些事。”张发喜表示，几个月下来，大家反而越来越适应这种管理，它让工作和生活变得越来越有序，更重要的是锻炼出了坚强的意志。

“我们，就是一群不穿军装的军人。”3 年的“军人生活”，让张发喜快速成长，这也为后来的工作奠定了良好的基础。其间，经过党组织的层层考察，张发喜于 1971 年 9 月正式加入中国共产党。

“我志愿加入中国共产党，拥护党纲党章，执行党的决议，遵守党的纪律，保守党的秘密，随时准备牺牲个人的一切，为全人类彻底解放奋斗终身。”（新中国成立后至党的十二大以前使用的标准入党誓词，作者注）宣誓的时候，是他人生中少有的庄严时刻。

在这一天，张发喜下定决心：“我要把自己的一切都交给党组织，努力为人民服务终生，用实际行动来知恩感恩，尽最大努力报答最大的恩人——中国共产党！”

履行这一句承诺要用多久？

他用一生给出了答案。

保密——“选择机要，就意味着选择了忠诚和奉献”

1973 年，张发喜第一批离开四川江油 315 资料基地，分配到中央气象局（名称启用自 1953 年至 1982 年，作者注）办公室档案处机要室工作。

什么是机要？见字拆译：重要而机密的。

可想而知，这次分配，并不容易，流程可谓是严格之严格、审查又审查。

首先，时任中央气象局办公室主任徐曼泽从 150 位同志中精挑细选出张发喜，后由人事部门进行人事档案复审，上报分管局领导审批。此时，仍然不能直接决定张发喜的去留。中央气象局还需要向中央办公厅、国务院办公厅以及外交部机要部门申报备案。

层层筛选、层层把关，张发喜才被允许留在机要室工作。

“这是组织对我的考验，也是对我的最大信任，我一定完成好任务。”张发喜暗下决心。

从这一套严格的选人流程中，张发喜隐隐约约感受到了工作的边界：安全是机要工作的“红线”，一失万无。

这一认知，在工作中愈加清晰明了。

20 余年间，张发喜共为四任局长、十五位副局长，以及一百多位司处级领导干部、中国科学院院士、中国工程院院士等提供机要文件服务。其中，国家气象局（名称启用自 1982 年至 1993 年，作者注）局长邹竞蒙是张发喜提供机要服务时间最长的一位，贯穿了他整个机要职业生涯。

张发喜分配到中央气象局工作的同年，邹竞蒙也来到了这里。那时，邹竞蒙是分管外事工作的局领导。

“对国家外事密码电报的保密工作，极为重要。密码的组合编码，如果被敌人破解，不仅整个国家密码作废，而且大量国家机密将被泄漏。”邹竞蒙语重心长地和这位刚入职的小伙儿说，“我们必须做好保密工作，要用我们的生命保护国家机密。”

道理一通百通：机要战线上的任何工作，必须首先做到的就是——不要泄密。“保密与泄密的距离，如同满分和零分。”张发喜说，“保密无小事，容不得一丝一毫差池。”

光懂了道理还不够，行动也得跟得上。

可是，才跨进机要室，就直接面对复杂繁琐的流程、成堆尚未分类的文件，不是专业科班出身的张发喜显得有些不知所措，“这都是什么呀？”即使已有 3 年工作经验，但对于这时的张发喜来说，机要工作如同白纸一般。

不过，这又有什么关系呢？“不会，那就学！”张发喜凭着身上那股不服输的“犟脾气”，争分夺秒埋头苦学，从最简单的实用技术开始，边学边干、边干边悟，顺利完成文件资料的收发、登记、传递、借阅、销毁和保管等一系列工作。

不断归纳、不断总结，渐渐地，张发喜可以做到：即使没有具体文号，也可以在几分钟内从浩如烟海的文件中找到所需材料。“小张，你对文件管理熟悉，归卷工作做得不错，应保持！”邹竞蒙当年一句表扬让张发喜记忆至今。

这里的工作，平淡无奇、枯燥无味，永远只有数不清的文件。

这里的工作，同样也紧张繁忙，只要电报声一响，马上起身进入工作状态，“每一秒都不能撤防”，“5+2”“白 + 黑”更是工作常态。

“选择机要，就意味着选择了忠诚和奉献。”张发喜谈起当年的“苦”依旧甘之如饴，“年头越久，我似乎慢慢地爱上这冰冷的机械、枯燥的数字和机要室里的平凡平淡。”

如果将机要室比作车站，张发喜就是这里的“调度员”和“扳道工”，确保上级的安排部署、下级的请示汇报，及时安全地流进流出。

20 多年来，这位“调度员”在封闭枯燥、紧张忙碌的“车站”里，收发机要电报、纸质文件资料不计其数，从来没有发生一起失泄密事件，做到了工作“零事故”“零差错”。守口如瓶，这个词语在他身上具象化了。

这样实打实的成绩，换来了实打实的荣誉：

1985 年、1987 年、1989 年被评为国家气象局办公室先进个人；

1990 年 6 月，国家气象局保密委员会授予他“机要保密工作先进者”称号；

1990 年 9 月，他被任命为国家气象局办公室档案处副处长，兼保密委员会办公室副主任；

1992 年，国家保密局授予他“全国保密先进工作者”荣誉称号。

“‘误打误撞’做了保密人，这是人生的幸运，也是人生的使命。”张发喜表示，“假如时光可以倒流，无论倒流多少次，我的选择永远不变——把一切献给党，献给党的保密事业。”

张发喜参加中国气象局离退休干部办公室退休处组织的活动

“命运眷顾我。”张发喜现在回想起来，似乎每当快要抵达选择的十字路口时，冥冥之中总有人指引正确的道路，“我想，那个人就是党组织。”

1994 年，49 岁的张发喜被任命为中国气象局（名称启用自 1993 年至今，作者注）离退休干部办公室离休干部处处长，至此才离开了机要战线。

之后的 12 年里，张发喜又任中国气象局离退休干部办公室综合处、退休处处长。

“在这期间，每每与那些革命老前辈接触，我的思想都受到洗礼、心灵都产生触动，他们把生命里的每一分热，都无私奉献给了人民！”那些革命老前辈给了张发喜很多力量，他更加坚定了最初的信念，“我要为人民服务一辈子！”

2005 年，60 岁的张发喜，光荣退休。

这又是一个新的人生章节的开头，他的故事还要继续讲下去。

“再就业”——“继续服务居民，希望大家的生活越来越好”

退休老人，还有多少种生命的可能？

“莫道桑榆晚，为霞尚满天。”张发喜的答案不止一种。因为60岁以后，他甚至更忙了。

“小巷管家”张发喜巡查中国气象局大院

退休前，张发喜就已经开始参加中国气象局社区居委会工作，“社区居民代表”“楼门组长”“业主委员会委员”……都是他气象工作之外的头衔，而每一个头衔后面都对应着一项项漂亮的成绩：助力中国气象局南区5号楼拿下全大院第一个文明居民楼称号；推动东区5号楼5单元被评为北京市先进文明单位……

退休后，这样的头衔还在不断增加：“社区居委会委员”“安全稳定信息员”“小巷管家”。其中，接下“小巷管家”这项工作时，张发喜已是73岁的高龄了。

“小巷管家”，是北京市在全市范围推动的社区管理模式，一般由辖区居住、生活和工作的居民担任，需要做到“每日巡、定期访、随手做、实时报、及时记”，发现问题及时反映，属地街道将统筹协调管理部门和执法部门，针对问题定期开展集中整治执法行动。换句话说，“小巷管家”就是365天全年无休，专爱“管闲事”的人。

“小巷管家”张发喜巡查社区并摆放社区车辆

一个73岁古稀老人，能把“小巷管家”这项目工作做好吗？

当被人提出这一点时，张发喜丝毫不露怯，因为他有自己的一套“三勤”经验法则：

腿勤——除了吃饭和必要的休息时间以外，张发喜一有时间就会到中国气象局大院里转悠，以便及时发现问题。这个时间已经远超过工作本身要求的“每天在小区里巡视不少于 3 小时”，对于 70 多岁的老人来说，真不是一件轻松的事儿。“耐不住他喜欢，每天都得这儿转转、那儿转转。”老伴儿王志红说。

眼勤——张发喜重点关注治安保卫、交通安全、卫生保洁、绿化美化、综合维修、电梯运行和业主服务等七方面情况。巡视期间，平时那双笑眯眯的眼睛迅速转变成“鹰眼”模式，乱停的车辆、违规的设施、乱丢的垃圾、小区内服务设施状态、偷摸张贴的小广告等等都逃不过他的“法眼”。

手勤——遇到问题，张发喜立马记录并拍照取证；对已经记录在册的问题进行跟踪反馈，及时更新相关基础台账。“好记性不如烂笔头。”2018 年 8 月，也就是从接下“小巷管家”工作的当月起，每月月末他都会手写一份专题报告，详细记录这个月在社区内观察到的情况以及解决的问题，犄角旮旯的小事都不放过。每次报告大约 3000 字，至今已累计超过 20 万字。

老百姓的房前屋后、柴米油盐，张发喜总记挂在心上，能及时处理的，他便随手解决；需要有关部门协调的，就记在随身带的小本上，向社区汇报。搞机要出身的他在每一个程序上，都认真得无可挑剔。

从工作流程中，可以很明显看出，“会发现问题”是当好“小巷管家”的关键，也是治理好社区的基础。

有时候，发现问题来自于细心观察日常小事。

2023 年 4 月 24 日 19 时许，夜色渐暗，张发喜在小区里巡视时，突然看见一个居民带着小孩上中国气象局大院北操场东门台阶时，小孩意外摔倒了，大人只能用拐杖扶着小孩一步一停地上台阶。这一起“小事故”与操场东门处未安装路灯有着莫大的关联。

“这可不行，这边常有老同志进进出出，要是摔一跤可不得了，一旦断骨头了更是大事。”张发喜主动向物业反映此问题。在沟通过程中得知，此处归气象干部培训学院后勤部负责。

几番周折，张发喜终于联系上具体负责这一事项的工作人员，详细表达了相关诉求。问题也很快得到了相应的处理，“现在那边换上了特别亮的大灯，可以照全东门台阶，包括我在内的许多老同志都特别高兴。”张发喜很是欣慰。

有时候，发现问题来自于耐心倾听居民的诉求。

有年冬天，不少居民向张发喜反映，中国气象局大院东区5号楼北边的自行车棚早晨06时就会熄灯，比路灯熄灯还早，是不是坏了呀？居民有此疑问，主要是冬天早晨06时天色依然黑黢黢，经常找不到电动车、自行车锁眼，居民极为不便。

“安全稳定信息员”张发喜在中国气象局大院站岗值班

张发喜得知这一消息后，隔天就早起观察，看看情况是否属实。连日观察后，确定了早晨06时车棚里的灯果然准时熄灭，但车棚外的路灯熄灭的时间却是7时。

“这是怎么回事？”张发喜也摸不着头脑，便向物业反映，但这件事也不是物业管理的，需要工程队变更预设开关灯时间。经过多方沟通，工程队同意将车棚内灯光熄灭时间从早晨06时延长至07时，与路灯同步。

“真实，同样尤为关键。”张发喜聊起“发现问题”这一话题时专门强调了这个词语，“但在做到真实的基础上，也要考虑到别人的感受。”

有一次，张发喜发现小区里二十几个照明路灯的灯泡不亮了，记录下问题的同时选择暂时不上报，“可能相关部门已经注意到了，只是还没有维修罢了。这时候报了，可能会给别人带来麻烦。”

张发喜耐住性子，在几天内连续观察多次后，确认该问题还没有被相关部门得知后，便果断上报，使得问题得到及时解决。

当“小巷管家”这几年间，他始终未忘记自己的责任和义务，“只要家里没要紧事儿，参与社区工作就是我的头等大事”。即使其间，家里发生了很大困难——岳母去世、爱人脑梗、自己冠心病突发，张发喜也从来不说放下不干，而是边料理家事边参与社区工作，一旦要出门就随身携带好硝酸甘油、救心丸等药品，“既然答应做了，就要做好”。

这些主动的付出，也得到了多方的肯定：

在市级层面，他荣获 2021—2022 年度“首都精神文明建设奖”“2018 年度优秀小巷管家”等荣誉；

在区级层面，他多次被评为海淀区优秀治安志愿者、优秀人民调解员；

在街道层面，他多次获“北下关街道居民工作先进个人”“义工之星”等称号。

但，提到这些荣誉，张发喜有些不好意思：“成绩不是我一个人的，是集体的光荣，我只是起到了一点点信息传递作用，做得还不够。”

事实上，张发喜口中的“一点点信息”，却是涵盖整个中国气象局大院车棚、充电桩、路灯、监控、防盗门，甚至包括绿化情况、古树数量等系列详细数据，每一项都是单独一张表格。他绘制的中国气象局大院房屋编号地图，成了新来社区工作者的必读攻略。“家有一老，如有一宝。”用来形容张发喜一点也不为过，可以说他就是大院的“移动资料库”。

也正是这种严谨负责、主动周到的工作态度，“现在社区哪里有了点小问题，居民都愿意过来告诉我。”张发喜颇为自豪，同时这种被更多人需要的感觉，也让他愈发感受到了“老有所为”的乐趣。

如今，张发喜已经是一位“小有名气”的“小巷管家”。“张大爷就是我们面前的一面旗子、一根标杆，他用实际行动为我们刻画了一个合格党员的样子。”一位跟张发喜一起工作过的社区工作人员说。

中国气象局社区党支部书记张鸣也多次在公开场合表示：“大家都要向张老师学习！”

“我想，只要身体条件允许，就继续为居民服务。”张发喜有着最朴素的期待，“希望大家的生活越来越好。”

在记者看来，张发喜就似《少年》歌中所唱：

“我还是从前那个少年，没有一丝丝改变，时间只不过是考验，种在心中信念丝毫未减。”

回报——“到时候，给世界留下最后一份礼物”

在张发喜家里，存有两张特殊的单子，编号分别为“2015100”“2015101”。

而这，正是2015年张发喜与老伴儿王志红签署“北京市公民志愿捐献遗体”登记表的编号。也是这一年，我国全面停止司法渠道作为移植供体来源，公民自愿捐献成为唯一合法渠道。

从紧连的数字编号可以猜测，两位老人当初很有可能是同步申请捐献遗体用于医学事业。这也立刻得到张发喜本人的证实。

编号2015100

北京市公民志愿捐献遗体

登记表

捐献人 张发喜

受委托人

登记接受站

年 月 日

张发喜的志愿捐献遗体登记表

“除了生命是父母给的以外，其他的一切，都是党给的、社会主义给的，这似海的恩情，念不完！报不完！”2015年，张发喜从电视里看到捐献遗体的新闻，便萌发了捐献遗体供医学研究的想法，“还有什么能报恩的？就拿自己这百十来斤的身体做个终极回报吧！”

一方提议，一方支持。张发喜第一时间向相濡以沫一辈子的老伴儿吐露心声，王志红不仅爽快地同意了，还出乎意料地说：“你捐献了，我一个人孤零零往哪里埋？我随你，也捐了吧！”

原中央气象局党组书记、局长饶兴早在1999年就主动响应个人遗体捐献倡议。张发喜知晓后，深受感染，那时在内心便悄悄埋下了这颗种子。

当和记者聊起这段往事时，张发喜印象最深的是在北京大学医学部陈放的饶兴一段胳膊的标本，里面留有一颗子弹。如今，这段胳膊标本用于爱国主义教育与医学教育。

张发喜和老伴儿王志红

捐赠遗体的念头一起，张发喜和老伴儿便迅速咨询相关医疗单位了解有关捐赠事宜，根据要求办理公证，甚至考察了专门为遗体捐献者辟出的墓园里的捐献墙。“以上说到的事务性手续，只要我俩意志坚定、腿脚勤快，都能顺利办理完成。”张发喜回忆，“当时最大的难关是亲人们的观念。”

遗体捐赠是一件严肃而神圣的事，目前我国已经有了完善公开的管理流程，不仅需要征得亲属的同意才能签下志愿书，临终后仍然需要家属同意签字。

儿子的同意，恰恰是最简单一关。“基本没费力，他非常尊重我们夫妻俩的意愿。”张发喜笑道，“但是，光他同意那还不够。”

在张发喜看来，兴山老家是自己的根脉所在，“我必须征得老家兄弟姐妹的允许。”

对于地处中国中部的小县城——兴山来说，遗体捐赠“几十年都不见一例”。

当地农村观念比较传统，讲究入土为安。

为了得到老家人的支持，张发喜特意给 7 位弟弟妹妹发信息、打电话，挨个做思想工作。“我既然不能改变死亡这个事实，就要坦然面对，没有什么好怕。我不能延长生命的长度，那么为什么我不可以让它变得更丰满一些？”这个可爱的小老头俏皮地说，到时候，他要给世界留下了最后一份礼物。

经过半年左右的周折，这份动容的执着终于让兄弟姐妹都松了口，选择接受他的想法。

于是，张发喜与老伴儿向相关机构作出申请，填写了北京市公民志愿捐献遗体申请登记表，并在表中写道：“没有任何要求，完全交给医疗部门供解剖研究。能符合要求的各种器官，由医疗解剖结果决定，不留骨灰。”

该表格一式四份，分别由市红十字会、登记接受站、捐献遗体者本人、执行人留存。2015 年，北京市红十字会为两位老人颁发了“志愿遗体捐献纪念证”。

有人疑问：高龄老人的遗体，在医学上是否还有用？

北京大学医学部解剖部门的医生说，非常有用。只要是完整的人体结构，对科研及教学都有用。

在解剖实验室内，每一具遗体都被视为珍贵的教学材料，不仅能够使得医学生直观地观察到人体的内部结构，更能深入理解各种器官的功能和它们之间的相互作用。同时，遗体捐献对于科学研究同样至关重要，研究人员可以通过对遗体的研究，探索疾病的发生机制，从而发现新的治疗方法。

为了给医学提供翔实的数据，更好地开展后续科学研究，张发喜和老伴儿特地准备了一个笔记本，专门用于记录自己身体的感觉和变化，以及曾做过哪些手术、心脏出现过几次问题、吃的什么药、有什么样的身体反应……可以说，这是一本详细的“健康志”。

“通过不断记录和随时调整，我要让自己的身体以最好的状态，完成最后的心愿。”张发喜说，“此外，我还要和夫人在生前一起做好与遗体接收单位的联系工作，问清楚联系地点、联系方式有没有变化，对我们有什么新的要求，等等，决不给后代和单位添麻烦。”

现在的张发喜，对于遗体捐赠协议签署的相关流程谙熟于心。当得知身边老同志也有类似意向时，他会主动帮助引导老同志去接收站领取表格、填写材料，完成全部手续流程办理。张发喜知道，肉体的死亡并不意味着生命的结束，反而是新的延续，新希望的开始。

正如医院墙上的屏幕显示着：

最初的诞生和最后的死去一样，都是人生的必然。

最初的晨曦和最后的晚霞一样，都会光照人间。

于进江

于进江，男，汉族，1973 年 9 月出生，中共党员，高级工程师，现任华山气象站党支部书记、站长。继承和发扬了老一辈华山气象工作者的光荣传统和优秀品质，克服了许多常人难以想象的困难，坚守在国家二类艰苦台站——华山气象站三十余年，曾获第三届全国道德模范提名奖、全国气象工作先进工作者、全国质量优秀测报员（12 次）等荣誉。带领团队先后荣获“全国工人先锋号”“全国气象工作先进集体”“全国气象部门先进基层党组织”“第十八届陕西青年五四奖章集体”“渭南市先进基层党组织”等多项荣誉称号。

于进江

人生的高度，不止于2064.9米

《中国气象报》记者 吴卉

“无论在什么时候，无论在什么情况下，决不允许因为我们的不努力而给华山气象这面红旗染上污点。”

——于进江

华山，中国五岳之一。西峰之巅，有一座名不见经传的两层小楼——华山气象站，始建于 1952 年。

那一年，13 名解放军战士日夜爬行，在此处生生凿出了一个高山气象站。从此，气象电报中多了“57046”的电码，世界天气图中添了“华山”的名字。次年 1 月 1 日，该站正式运行。

这个站，是陕西省唯一一个全天候有人值守的高山站。建站至今，相继超过 200 人在山上驻守和工作过。而来这儿工作的人，最不害怕的就是“苦”。

但来这儿并不是为了吃苦，而是，“为了一个信念，为了一份事业”。

现任华山气象站站长于进江就是其中之一。今年，他 51 岁，大约三分之二的时间都花在了站里，他说，“在我的人生里，绝大多数都与这座山、这个站有关。”

上山——“我能承受以后的艰难险阻吗？”

华山气象站，并不是于进江一开始的工作地点。

1991 年，于进江高中毕业不久，参加了陕西省渭南市大荔县气象局招聘考试，走上了地面气象观测岗位。对于“气象”这一陌生行业，于进江抱有几分好奇、几分忐忑，“一点基础都没有，能学好吗？”

果然，刚开始业务跟班，零基础的于进江没少挨带教师傅的批评。“说实话，我这个人天生笨拙，干任何事，都得付出比别人多十倍甚至百倍的努力，才能做的差强人意。”于进江暗下苦功、充实自己，多请教、多跟班，仅用了一个月的时间就跨过“门外汉”的门槛，做到了独立值班。

1993 年，根据工作需要，渭南市气象局将于进江调到华山气象站工作。“到这儿上班，可是一种荣耀，这里培养出许多在全省乃至全国有名的气象精英。”于进江得知此事高兴坏了。那年春节刚过，20 岁的于进江怀着对华山气象站的美好憧憬进山了。

从来没爬过华山的于进江起初觉得格外新鲜：银装素裹的苍松、白雪皑皑的山峦，华山俨然是一个冰雕玉琢的世外仙境。“以后在这么美的地方上班，岂不是跟神仙一样？快哉快哉！”很快，于进江的这种畅想就受到了现实的第一波冲击。

爬过了回心石，往上看，千尺幢高耸入云，望不到顶的石阶上全是厚厚的冰，还有几个脸蛋冻得通红、蜷着身子的挑夫在慢慢爬着。

“我的天啊，以后还要无数次在这条崎岖险峻的山路攀爬吗？”这是于进江第一次真正领略到华山的“险”，但此时已处在半山腰，又要赶着去报到，除了硬着头皮往上爬以外，别无他法。

就这样，手脚并用六七小时后，在于进江急促的呼吸声和流淌的汗水下，华山西峰之巅纤细坚韧的风向杆映入眼帘。

“就是这儿了，华山气象站。”热血沸腾的小伙子浑身窜出了劲儿。

一路的艰难，在登上西峰顶的那一刻烟消云散，身处2064.9米之高让人身心豁然开朗，仿佛抬手就能触摸到天空。

与此同时，领导的关怀、同事们的嘘寒问暖，也一下子冲掉了于进江一路的疲惫、寒冷和胆怯。

“请尝尝华山上独有的‘琼浆玉液’。”同事倒来的一杯热水却让他皱起了眉头，这水的味道似乎有点怪，又苦又涩，还有股松针味。

水的味道怪就对了。华山是秦岭北侧连绵起伏的山脉里陡然凸起的一块岩柱，四面如削、断崖千尺，山顶没有水源。日常站上所喝的水，一般都是从石壁汇集的雨水，或者冬天窖藏的雪水。

山顶树木繁茂，落叶里容易滋生蚊虫，雨水冲刷下流入水窖。等到开春，窖水里就会多了许多小虫子，以孑孓（蚊子幼虫）和红线虫（蚯蚓幼虫）为主。

“我们总是开玩笑，这就是‘绿蚁新醅酒’。”于进江陷入回忆，“水窖里时而还会发现淹死的老鼠，甚至有游客扔在山上、被冲进水窖的臭袜子，可即使这样，窖水还是舍不得浪费，杂物捞出来后继续喝。”那时的人们都养成了泡茶喝的习惯，因为茶能去苦、去涩、去腥。

也正因为水资源稀缺，所以无论在山上待多久都不可以洗澡，只有下山才能做大清洁。“在山上两三个月不洗澡是常有的事，下一趟山不容易。”于进江说，倘若遇到大旱之年，为保证饮用水，脸都不敢洗。

既然用水这么难，吃的估计也好不到哪儿吧？

年少的于进江犯起了嘀咕。确实如此，所有的生活用品和物资全都是靠一根扁担从山下一步步担到山顶的，所以新鲜蔬菜都是极为珍稀的宝贝，一个月都不一定吃得上一次。

“我们常常把土豆、白菜、粉条、挂面等这些好储藏的食物多备一些。由于山上气压低，不用高压锅的话，吃的总是夹生饭。”于进江说，那时，每个观测员都要轮流当厨子，做得最多的就是挂面，“吃伤了！我现在一见到挂面就害怕。”渐渐地，慢性胃炎成了站里人的“标配”。

从这些语言拼凑中可以窥见，国家二类艰苦台站在20世纪70年代的模样。

眼前所见都给于进江带来巨大的冲击：“我能承受以后的艰难险阻吗？”“来的对不对，值不值？”“要不要回去？”

正当思想斗争之际，当时站领导和业务股长主持了第一堂课。这是华山气象站的传统，所有上山的新人都必上的一堂课。

除了了解华山气象站发展历史外，这堂课还有一层丰富内涵——在年轻人的心里悄然种下华山气象人精神的种子，它们会在更广阔的土地上生根发芽，改变微小的、局部的“气候”。

站里的领导动情地讲述老一辈华山气象人的那些年、那些事：从“一条扁担两条绳、立足高山为革命”，到“全国银质奖章获得者李华珍同志先进事迹”，再到“贾金海同志冒着生命危险排除仪器故障”……

那一晚，于进江失眠了。

躺在简易的床板上，望着空荡荡的天花板，耳边传来时强时弱的松涛声和值班员进出观测场时脚踩积雪的咯吱声，面上平静的于进江，脑海里却掀起了一场风暴：

“那么多前辈，生活和工作比现在更艰苦，都能创造奇迹，自己难道就不能安心工作？站里的同事与自己年龄相仿，个个都是科班出身，要文凭有文凭，要能力有能力，要业绩有业绩，自己何德何能不能安心在这里工作？”

这一夜，对于进江来说尤为漫长，需要思考的不仅仅是当下，很有可能是未来几十年的人生。

天空刚刚泛起鱼肚白，他想通了：既来之，则安之，就在华山好好工作，干不出名堂，决不离开。

谁也没想到，包括于进江自己，这一干就是31年，甚至还会更长。

钻研——“只要尽心尽力把每一件事干好，‘半路出家’也能变专家”

刚工作，于进江的工资是每个月200元钱。“不怕笑话，200元里，有100元钱我都用来吃饭。能吃得很！”

那时，100元钱的饭，没白吃。饭量都转化成了能量。

刚到华山气象站的第二天，于进江就主动找领导要求安排正式值班。领导却笑着说：“别着急，先跟班，熟悉了华山站业务再说。”

于进江心里有些不服，毕竟他之前在大荔县气象局上了近两年的测报班，完全可以独立值班，而华山不就是比其他站辛苦点而已。“搞测报很简单，干吗这么神秘？”

这种略有自傲的想法，很快被现实“打脸”——单就天空中云的变化之快，就让于进江目瞪口呆，不知如何记录。这一刻，他承认了自己的水平还远远不能胜任这里的工作，既没有过硬的技术，也没有丰富的经验，根本不能单独上班。

“那就做‘专’它！”为了早日独立上班，于进江将全部精力投入到紧张的跟班学习当中。

“站上要求一天跟学6小时，我那时给自己规定要跟10小时以上，就想多学点。”于进江腼腆一笑。

写不好阿拉伯字码，来回练！每天练习写出不少于20张字码，经年累月，于进江练就了一手标准的印刷体。

背不住电码，反复抄！于进江将电码表抄了一遍又一遍，抄到最后闭着眼都知道哪一个电码在哪一页。

站上的老同志回忆，在天气复杂的情况下，小于有时一天休息时间还不到6

小时，用过的练习本、学习笔记数以百计。

一分耕耘，一分收获。按规定，达到上班要求至少需要三个月的跟班时间，可他只用了一个月，就顺利通过站上的上班前考试。

120 平方米的气象观测场，是于进江平时有空最喜欢“钻”的地方。他喜欢在这里看着天上的云，将其演变规律和所学理论知识放在一块儿琢磨，然后复盘每一次重要、典型的天气过程。

1993 年，于进江校对气象记录

闲暇之余，他还会把建站以来的所有气象历史资料和出错登记本从头到尾归纳总结一遍，常常在档案资料室一待就是半天。现在他办公桌的抽屉里还放着两本手抄的台站登记册，一本写自 1958 年，一本记于 1977 年……

就这样，经过一次又一次跑场、一遍又一遍翻阅，不长时间，于进江基本掌握了华山顶上四季气候特点，业务技能有了质的飞跃。

上班仅一年，他便拿下连续三个“百班无错情”和一个“全国质量优秀测报员”的优异成绩。据初步统计，获得一次“全国质量优秀测报员”大概需要 15 至 18 个月时间，其间不能出现 0.1 个差错。

“他的业务水平在站上没的说，最棒的一个。”同事们都很信服这个非科班出身的观测员。

“我始终坚信，只要尽心尽力把每一件事干好，‘半路出家’也能变专家！”于

进江乐呵道。

过关——“最重要的是保证按时取准取全第一手气象资料”

熟知气候特点，只是于进江作为气象工作者的基本功，很多时候于进江需要的是学会如何面对它们。

在华山，一年要过四个关——

首先，便是雷电关。

华山顶上，夏季多雷电天气，年均雷电天气最多时达43天，几乎每年都有仪器因雷电而损坏。由于华山地面缺土，雷电很难导地，夏天的气象观测场经常被雷雨云包围，与山下先见闪电后闻雷声截然不同，山上雷声和闪电几乎同时发生，放电剧烈、炸声巨大，有时球形雷还会光顾值班室。

本以为存在于同事们口中的“险事”，并不会那么快碰见。但，故事的开端就是这么突然。

1994年一个盛夏的午夜，突然乌云密布、雷声大作，瓢泼大雨从天而降。“雨水不时往值班室里灌，电线接头处让雷击得噼里啪啦直冒火花。”于进江打开记忆的闸门，说起那天的一波三折，“尽管已有心理准备，但真正置身其中时，多少有些手忙脚乱。”

当时情况尤为紧急，于进江已经顾不上会不会被雷击，抓起扫帚就扑灭电线上正在燃烧的火。此时，又恰逢观测时间，于进江顾不上头顶电闪雷鸣，火速冲向观测场，按照观测程序抢抓时间、记录数据，“最重要的是保证按时取准取全第一手气象资料。”

正当要发出气象电报时，于进江发现传输气象资料的发报机遭到雷击后受损，编好的电报无法发出。

“这机器一时半会儿也修不好，气象电报可不能等呀！”他立即冒雨下山，不顾山路的漆黑，在泥泞中连滑带跑，一路磕磕绊绊，仅用三小时就走完一般人白天要用六七小时才能走完的山路，在山下顺利发出电报。

这时，领导和同志们看着一晚没休息的于进江，大家都劝他歇歇，派其他人上山去。于进江拒绝了这一安排，“山上情况其他人不熟悉，我上去比较好些！”即刻，他拖着疲惫的身体，背上十几斤重的新设备又朝山上爬去！

一路上，不听使唤的双脚与台阶一次次撞击和摩擦。到了山顶已是夜晚。洗脚时，于进江才发现右脚大拇指的鲜血和袜子已然凝固在一起，只好连袜子一起泡在水里。“泡开后，把袜子脱掉时，我才发现一个脚趾盖已彻底连根掉下。”

其次，就是大风关。

华山年均大风日数达 109 天，几乎平均三天就要刮一次大风。“风有时候大得惊人，风速最大可达每秒 41.3 米，远远超过十二级大风，我看见过一棵三个人合抱不住的大树被大风连根拔起，有时候整个气象站都被吹得‘颤抖’。”于进江说，当年气象数据都是人工观测和手写编发报，无论遇到什么恶劣天气，观测员都必须到观测场按时观测和记录数据。

于进江正在维护称重式降水仪器

到了冬天，“寒冷”成了最大的难关。

华山顶上的冬天又格外漫长，每年十月份开始下雪，直到来年三四月才会融化，其间最低气温甚至突破零下 25 ℃。

这时，更换日照纸和湿度、温度计自记纸，稍稍不留心皮肤一触仪器，就会被粘掉一层皮。“这都不是最大的挑战，当安装在室外的测风仪器被积冰冻住，爬风杆才是终极考验。”于进江忆起往昔仍心有余悸。

爬风杆可怕吗？“怕！怕极了！”于进江需要爬到十几米高的风向杆上，用

于进江正在维修自动站雨量仪器

冻僵的手一点一点抠掉积冰。而这根风杆离悬崖只有三米多距离，每当风起时，人就会随着杆子不停摆动，难以前行。

肾上腺素激发着于进江产生了一种求生的本能。当适应了那种摇晃后，反而产生了“来吧，让暴风雨来得更猛烈一些”的心情。

除了惊险刺激的恶劣天气外，还有一种天气现象看似普普通通，实则影响很大——大雾。

华山年大雾日数达129天，致使山上空气在雨季十分潮湿，被褥难以及时晾晒。时间一长，站上人员都不同程度患上风湿性关节炎，于进江也不例外，“现在一到天气变化的时候，我就疼得厉害”。

在大多数情况下，在站里生病了，要么硬撑自愈，要么就随便对付几把药扛过去。山高路远，缺医少药，对于突发疾病很是束手无措。

于进江实打实经历了这一遭。

1999年4月的一晚，已是业务股长的于进江正在审核值班记录，突然腰部一阵刺痛，痛到直不起来。同事们见状帮忙倒热水、擦冷汗，进行一些简单的处理。过了半小时，仍不见好转，连忙送下山并确诊为肾结石。医生建议多养几天，“有同志外出学习，山上人手不够，我得赶快回去！”于进江带了几盒药又上山了。

“这些不算什么，国家把这么重要的地方交给我们来守护，我一定会克服一切困难把这份工作干好。”于进江谈起过往这些所谓的“苦”，只是轻轻一哂。

站上的同志说：“这是一个铁人！”

“怎么铁？”

“人很铁，工作干得很铁。”

站上的同志说："这是一个好人！"

"哪里好？"

"哪方面都好，太能吃苦，挑不出他的不是。"

远离——"必须得有一个强大的心脏才行"

待的时间越久，工作越加轻车熟路。

每天到了固定的时间点，于进江就像上了发条——在02时、05时、08时、11时、14时、17时、20时、23时8个时次开展地面观测，为风向、风速、气温、气压、湿度等气象数据忙忙碌碌，每个正点后3分钟内完成手工编报。同时，每隔一小时为我国军航、民航提供航空天气报告。

"虽然黑白颠倒、经常犯困，但到了观测时间，肯定是清醒的。"在这样的工作节奏中，于进江建立了独特的生物钟。

一年又一年地过着：工作，按部就班；生活，枯燥单一。

单一到什么程度呢？于进江说："必须得有一个强大的心脏才行。"

华山顶上，远离闹腾的人群，远离城市的喧嚣，用站上的人的话来说，就是"听见蚊子在耳边嗡嗡都舍不得打，打死了就没有了"。

于进江在观测场记录观测结果

那时候，站上有六个人一起值班，采用四班倒的模式。若是轮到不值班的四个人，就靠打打扑克消磨时间。很快，这种娱乐方式也有了新的替代品——一台14寸的黑白电视。"山上没有通电，想看电视就要用电瓶供电。"于进江说，山上仅有的一台发电机只会在发电报的时候才舍得拿出来。

“当时，电视天线老是被大风吹偏，站里同事用麻绳一圈一圈缠住天线杆拉到床头，电视信号不好时就坐在床头拉绳遥控室外天线转向。”于进江依然记得当时看电视的特殊手法。

电视也不能老看呀！他就会跑到北峰、东峰、南峰去吼山，有时也会静静地坐在山峰上，欣赏如潮涌动的云海。

山顶上一般很难见到外人，尤其是旅游淡季。所以，每当山上有游客问路的时候，站里的人都会格外兴奋，热忱地当起了免费的导游。“其实这时候，我最怕看见上山游客一家人其乐融融的样子，心头像有千万只蚂蚁爬过。”于进江的眼眶微微地红了起来。

这种感觉，是愧疚。

既是对妻子：很多次深夜，妻子蒋菊花只能一个人背着发高烧的女儿跑到医院打针，孩子在哭，她也跟着掉眼泪。等点滴打完了，天也亮了。

但妻子说：“虽然有些许遗憾，但我仍然深感骄傲，因为我知道他所做的一切都是出于对工作的热爱和对社会的贡献。”

又是对女儿：于进江从来没有抽出一天时间，下山参加学校的家长会，也没有陪女儿过过一次生日，甚至在她生病需要照料时，几乎没有陪在她身边。

但女儿说：“爸爸对家的爱并没有因为距离而减少，反而我们更加珍惜每一次相聚的机会。”

更是对父母：2008 年冬天，低温雨雪冰冻天气席卷大半个中国，七十多岁的父亲突患脑梗。大雪封山，于进江只能选择坚守工作岗位。

但父亲说：“我理解你。”

在 2009 年电话尚未通之前，于进江想家人了，就只能写封信托人捎到山脚下的小邮局。

“要问我想不想在山下工作，说实在的，怎能不想？我的年龄越来越大，家里负担也重了。”于进江好多次心动，准备给领导谈论自己工作调动的事情，但话到嘴边又收了回去，“但我舍不得，我还没有实现最初的梦想——让我们的台站创一流！各方面一流！”

传承——“我想让我们年轻人像前辈们一样一直优秀下去”

一流，怎么创？

首先，“老华山人树立起来的牌子，在我的手上要越擦越亮。”于进江说，那就是做好做实最基础的业务——观测，一个错误的观测数据在关键的时刻足以导致一个错误的预报，一个错误的预报可以导致一场重大的灾难，“更别说，这里的数据还要参与亚洲区域气象资料交换。”

记录这些数据，要用规定的2B铅笔。“别以为是铅笔写的就能用橡皮擦掉，记错了只能划一道，将正确内容写在右上角。”于进江谈起记录问题时语气极其严肃，“观测错了，报出去又涂改，这不是纠正，是伪造！宁缺勿造，宁错勿涂。”

一路信守，说到做到。在业务创优过程中，于进江创下了地面气象观测“百班无错情”37个、“二百五十班无错情”12个的好成绩，12次荣获中国气象局授予的“全国质量优秀测报员”称号。

扎实的功底让于进江开始“走出去”：2005年，第一次代表华山气象站，参与全省100个台站的业务技能比赛，获得个人全能三等奖；2008年，荣获陕西省气象局业务技能竞赛二等奖，为华山站创造了一项新的历史纪录；2010年，他又在专业比赛中分别夺得一个全能优秀奖和两个单项奖……

于进江参加渭南广播电视台“对话渭南”栏目

够了吗？当然不够，技术的变化总是日新月异，也许一个月不学习，就会被时代淘汰。

“我得走得再快一点！”当计算机出现在于进江视野时，他便意识到这是未来肯定需要的“生存”技能，就像20世纪90年代的发报机之于气象工作者一样。

于是，“班下科研”，成为日常。在做好本职工作的基础上，他常常一个人学习到深夜，只为了搞清楚一个计算机命令或业务软件运行程序。功夫不负有心人，2008年，他成功取得“计算机网络与应用”大专学历。

同年，于进江还取得成都信息工程大学进修大气科学专业本科的录取通知书，并于2012年顺利毕业。

与于进江接触的人都说，他眼睛里很难看到有飘忽不定的东西，有的只是坚定和踏实。

“说了，他就干；干了，他不说。”时任华山气象站站长陈兴全曾这样评价于进江，交代给他的事情，就尽管放心，肯定做且能做好；任务完成后，他也从不吆喝，默默进行下一项工作。

人生的果实，就是在这样“光练不说傻把式”的平静中一颗颗结下的：

2011年，中共中央宣传部等六部委联合授予他“第三届全国道德模范提名奖”；2012年，陕西省总工会等五部门授予他“陕西省技术能手”称号；2014年，人力资源社会保障部、中国气象局授予他“全国气象工作先进工作者”称号。

于进江给华阴市城关学校同学讲解气象科普知识

既然是创各方面的一流，光自己干好，远远不够，还要培养好新鲜血液。

“整个气象站强了，才叫强！”1996年，被推选为业务股长的于进江开始思考怎么发展。

从统计质量到考核办法，再到想方设法提高全站业务质量，他一边借鉴传统模式，一边力求革新。

对于新入职人员，华山站原有一套系统完善的培养计划：每天自学不少于六小时，每天带教师傅和业务股长会检查当天自学笔记，每周三下午集体学习不少于三小时，每周考试一次检查学习情况。

在此基础上，于进江进行了改良，逐渐形成了更有针对性的一套业务学习方法。“我们可以将每周一次的业务学习增加到两次，并采取轮换辅导的学习方式，针对复杂天气，及时召集大家观摩、讨论。”这套方法的确让整体业务水平有了提高，至今仍在使用。

新人初次上岗，最怕的莫过于极端天气“上门拜访”，这也是年少时于进江所恐惧的。他很能理解这一不安，特意请领导把自己的宿舍安排在值班室隔壁，“这样，不管谁上班，只要遇到复杂天气、危险天气，无论白天黑夜，我都能第一时间赶到现场。”

于进江给新同事现场讲解气象观测要点

“他在，我们就安心！”站上的新同志都视他为华山的“定海神针”。

就这样，在于进江的带领下，全站业务质量始终走在全省的前列，连年受到国家、省、市气象局的表彰和奖励。

据不完全统计，自 2006 年以来，华山气象站曾荣获县处级以上奖励多达四十项。“全国工人先锋号”“全国气象工作先进集体”“全国气象部门先进基层党组织”……数不清的荣誉，都昭示着华山气象站的“黄金时代”从未退场，甚至愈加璀璨。

后　记

《新时代气象榜样风采录（第一辑）》的出版发行，不仅是对新时代优秀气象工作者代表的深情礼赞，更是对气象文化的一次深刻诠释和精彩注脚，为气象优良传统的传承与发展增添了浓墨重彩的一笔。

中国气象局党组高度重视此次出版工作，对入选先进典型进行审定把关。党组书记、局长陈振林为本书作序。党组成员、副局长张祖强全程关注并给予指导，确保了编写工作顺利进行。

编写工作由中国气象局精神文明建设指导委员会统筹负责，机关党委（巡视办）、人事司、宣传科普中心（报社）、出版社具体承担。宣传科普中心（报社）记者深入一线、走访调研，用细腻的笔触和深入的挖掘，使先进典型的感人故事与精神风貌跃然纸上。出版社精心设计编印，使本书在视觉呈现上既庄重典雅又不失时代感。同时，编写工作还得到先进典型所在省（自治区、直辖市）气象局、直属单位的鼎力支持与密切配合。

编写组成员包括冉瑞奎、李丹、潘俊杰、王春鸽、李玮、安平、丁严、董艳艳、万欣、李一鹏、张永、王素琴、苗艳丽、胡亚、张娟、张锐锐、杨泽彬等同志。他们团结协作、精益求精，确保了编写质量和水平。

在此，向所有入选先进典型致以敬意，向所有参与本书编纂、设计、印刷、发行的同仁表示感谢！

展望未来，期待《新时代气象榜样风采录》能够持续发挥其独特价值，成为气象文化建设的亮丽名片，进一步激发广大气象工作者的使命感与责任感，共推气象事业在新时代新征程中再创辉煌！

编者

2024 年 12 月